高等职业院校文化素质教育改革创新教材

应用写作

（第二版）

YINGYONG XIEZUO

主　编　刘红星　甘益慧　赵亚莉
副主编　付景芳　刘　勇　帅　杨
　　　　吴　强　冯爱利

中国教育出版传媒集团
高等教育出版社·北京

内容提要

本书是高等职业院校文化素质教育改革创新教材,是在上一版的基础上修订而成的。

本书着眼于高职学生在校园、实习、就业和创业生活中经常使用的应用文种来作介绍,既为学生的校园学习和生活提供切实的帮助,又为他们走向社会的写作实践打下基础。每一文种的学习任务包含三个部分:情景导入、任务和拓展。情景导入部分设计具体情境,由此导入任务的学习;任务部分包含训练、知识链接、写作模板、病文改错等内容,实现"教、学、做一体化";拓展部分链接的应用文相关知识,便于师生在此基础上拓展延伸,进一步提升应用写作与文学鉴赏的能力。

本书适合作为高等职业院校应用写作课程教材,也可作为读者提升写作能力的参考用书。

图书在版编目(CIP)数据

应用写作/刘红星,甘益慧,赵亚莉主编. —2 版.—北京:高等教育出版社,2022.8
    ISBN 978 - 7 - 04 - 059255 - 9

  Ⅰ.①应⋯ Ⅱ.①刘⋯ ②甘⋯ ③赵⋯ Ⅲ.①汉语-应用文-写作-高等职业教育-教材 Ⅳ.①H152.3

中国版本图书馆 CIP 数据核字(2022)第 151949 号

策划编辑 李光亮 余 红 **责任编辑** 余 红 **封面设计** 张文豪 **责任印制** 高忠富

出版发行	高等教育出版社	网 址	http://www.hep.edu.cn
社 址	北京市西城区德外大街 4 号		http://www.hep.com.cn
邮政编码	100120	网上订购	http://www.hepmall.com.cn
印 刷	江苏德埔印务有限公司		http://www.hepmall.com
开 本	787 mm×1092 mm 1/16		http://www.hepmall.cn
印 张	14.5	版 次	2016 年 8 月第 1 版
字 数	251 千字		2022 年 8 月第 2 版
购书热线	010 - 58581118	印 次	2022 年 8 月第 1 次印刷
咨询电话	400 - 810 - 0598	定 价	32.00 元

本书如有缺页、倒页、脱页等质量问题,请到所购图书销售部门联系调换
版权所有 侵权必究
物 料 号 59255-00

第二版前言

应用文写作是每个现代人必须具备的技能。作为公共基础课，"应用文写作"日益受到高等职业院校的重视，大多数院校在各专业都开设了这门课程。如何提高应用文写作课程的教学效果一直是一线执教教师关心的问题。

我们考察了近年来已经出版的高等职业院校应用文写作教材，尽管其中有一些富有特色的教材，但是从整体上来看，多数还没有突破传统的章节模式，而且多重理论、轻训练，加之选择的范文远离学生日常的学习和生活，抑制了他们对应用文写作学习的应有兴趣。

本书试图着眼于高等职业院校学生在学习、实习、就业或创业中经常使用的应用文来作介绍，既为学生校园的学习和生活提供切实的帮助，又为他们走向社会的写作实践打下基础，不求全面，但求实用。因此，本书内容的选择区别了目前比较普遍的做法，在编写中体现以下几个特点。

（1）全书分为四篇，即校园篇、实习篇、就业篇和创业篇，内容涉及大学生从学校学习到就业、创业期间可能运用到的文种。

（2）设置了"情景导入""任务清单""知识链接""模板"等多个环节，实现了"教学做合一"，提高学生的职业能力。

（3）范文简析与病文诊断能有效地帮助学生掌握具体文种的写作要求。

（4）每一文种都附有模板，能让学生更直观地掌握该文种的写作要领。

（5）拓展部分有利于开阔学生的视野。

（6）附录部分选择一些与专业相关的、与写作能力相关的文章，既能进一步提升学生应用写作能力，又能提升学生文学鉴赏、文学写作能力。

本书初版自2016年印行以来，颇受全国高等职业院校的欢迎。为了适应时代的变化，满足学生学习的需求，我们进行了本次修订。本次修订主要从以下几个方面进行。

（1）丰富数字资源。在原有资源基础上，进一步建设微课、在线测试资源，而且多为原创内容，方便学生实现个性化学习。

（2）更新修正。第二版在教材内容方面做了更新修正。我们更新了大多数文种的例文，而且基本上选用了近三年的材料，富有时代气息；同时对一些不太适合、不太规范的图表进行了修正，使教材内容经得起进一步推敲。

　　本次修订是由刘红星、甘益慧、赵亚莉、付景芳、刘勇、帅杨、吴强、冯爱利共同完成的。在修订过程中，本书参阅了大量书刊，转引了相关文章，并吸取了其中的最新研究成果，在此谨向原作者致以衷心的谢意！

　　由于编者水平有限，书中难免存在不足之处，诚恳地期望使用本书的广大师生、专家提出真诚而宝贵的意见和建议。

编　者

2022 年 8 月

目　录

校园篇

情景导入

王强是某职业技术学院的一名学生。通过竞聘，王强如愿成为学院就业协会会长。

王强的勤奋和努力得到了学院老师和同学们的认可，工作能力也大有长进。学院为了进一步锻炼他的工作能力，决定将学院每年一次的毕业生招聘活动交由他负责。王强经过仔细思考，觉得要准备以下几件事情：①为了使全院同心协力组织好这次招聘活动，应组织全院各部门召开一次协调会议；②举行招聘活动启动仪式，安排学校领导致欢迎词，并且邀请市教育局领导讲话；③为了让学生前来参加招聘会，尽可能地扩大这次招聘会的影响，应想办法进行大力宣传；④为了保障这次招聘活动的顺利举行，应制订一份活动策划方案。

任务清单

任务1　拟写竞聘演讲稿

任务2　拟写会议方案

任务3　拟写欢迎词

任务4　拟写讲话稿

任务5　拟写宣传海报

任务6　拟写活动策划方案

任务 1 拟写竞聘演讲稿

知识链接

（一）竞聘演讲稿的概念

竞聘演讲属于演讲的一种，指竞聘者为竞争某一职位，面向特定的听众发表对职位的认识、自己的竞争优势及上岗后对工作的规划和设想的施政演讲。竞聘演讲稿是演讲者为竞聘准备的演讲文本。

（二）竞聘演讲稿的特点

（1）真实性。竞聘的岗位是真实的，介绍自我的情况也是真实的。

（2）针对性。竞聘的岗位是特定的，与其他竞聘岗位存在本质区别。

（3）竞争性。同一个岗位，可能会有许多人参与竞争。如果演讲稿没有体现竞聘者的优势，就很难竞聘成功。

（三）竞聘演讲稿的结构和写作要求

1. 竞聘演讲稿的结构和写法

竞聘演讲稿由标题、称谓、开头、主体和结尾五部分组成。

（1）标题。有三种写法：①只标文种，如《竞聘演讲稿》；②由"竞聘"一词加竞聘职务和文种，如《竞聘信息学院院长的演讲稿》；③主副标题式的写法，主标题概括演讲词的主旨或内容，副标题交待竞聘的职务。

（2）称谓。要根据演讲听众的具体情况得体有序地称呼，如"尊敬的各位评委、各位领导、各位同事"等。

（3）开头。主要包括：①向听众表示谢意；②作简要的自我介绍，包括学历、工作简历等；③交代竞聘岗位。

（4）主体。主要包括：①围绕竞聘岗位的要求，结合个人的能力、特长及典型工作经历等方面来陈述自己竞聘的优势；②对未来的工作进行合理的规划和设想。

（5）结尾。简洁地表明竞聘态度，希望大家给予支持。

2. 竞聘演讲稿的写作要求

（1）有的放矢。全面了解竞聘岗位的任职要求和条件，有针对性地写作。

（2）突出优势。要突出人无我有、人有我优、人优我特的优势。

（3）实事求是。展示自己的优势时，应根据自己的实际情况进行展示，切忌漫无边际地自吹自擂，这是应聘的大忌。

（4）合理规划。只有在全面了解岗位要求的基础上对未来工作进行合理规划，才具有胜任该岗位的说服力。

范文简析

范文

竞聘地籍科科长的演讲稿

尊敬的各位评委、领导、同志们：

大家好！

非常感谢组织给了我一个"推销自己""副而思正"的机会，本人要竞聘的岗位是地籍科科长。

我叫陈国强，今年36岁，大专文化程度，中共党员，20××年参加工作。地籍科是我局的综合部门，在全局的政务运作中处于中心与枢纽地位，我认为本人适合担任地籍科科长职务。

首先，本人有较长时间从事土管工作的经历，有一定的文字功底（原是办公室副主任），对地籍科各项业务比较熟悉。本人自从20××年×月到地籍科工作以来，至今已近十年。通过长期的实际工作的锻炼，本人能够比较熟练地起草各种文稿，工作态度比较细致严谨，上下左右之间的工作关系基本能理顺，尤其是近年来，在局领导的指导下和同志们的帮助下，本人业务进步较快，也在实际工作中取得了一定成绩，曾多次在年度考核中被确定为优秀，也使全局的土管工作在市局有了一定地位。

其次，本人已有×年担任地籍科副科长的任职经验。承蒙领导和同志们的信任和关爱，本人在20××年×月被局党委聘为地籍科副科长，作为中层后备力量进行了工作锻炼。在担任副科长期间，本人对自己要求更加严格，在全力做好本职工作的同时，能够积极提出合理化建议，协助科长抓好管理，并使自己在政治思想、工作能力、协调管理水平等方面有了进一步锻炼和提高。

最后，我认为，本人有勤奋务实、踏实肯干的工作作风。多年来，本人始终着眼于工作业务能力的提高，能吃苦耐劳，加强学习，积极开动脑筋，富有成效地开展工作，能做到高标准、严要求，尤其对土管工作能深入进去，有一种不达目标不罢休的钻劲。此外，本人能够正确看待工作中的名利得失，凡事做到以工作为重，有大局观念和服务意识。

假如组织信任，同志们支持，让我当选地籍科科长，我将摆正位置，协调好关系，并将在以下三方面作出努力：

一是要全力发挥骨干作用，完成好领导和工作岗位赋予的任务。为了适应形势的需要，我要加强理论和业务学习，虚心向局领导请教，不断提高管理水平和业务水平。同时深入调查研究，掌握真实、大量的第一手材料，为开展工作打下良好基础。作为一名中层正职干部，通过自己艰苦细致的工作作风，为全科同志作好示范，让局领导放心。

二是要协助分管局领导抓好地籍科管理。地籍科工作面广事杂，工作要求高，因此，要树立大局观念、荣辱与共思想，要诚心诚意帮助分管局领导抓好业务管理和队伍管理，做到补台不拆台，相互配合好，形成抓好工作的合力；对自己分管工作要积极动脑筋，想办法，尤其是在当前系统内业务工作竞争加剧、压力加大的情况下，要力争上游，使全局的土管工作在全市中能有一席之地。

三是加强自身修养，提高两个素质。要以这次聘任为新的工作起点，全力提高自己的政治素质和业务素质，始终保持积极向上的工作姿态和高昂的斗志，并善于发扬自己的优点，看到自己的短处，克服自身工作和个性中的不足，使自己能尽快转换角色，适应岗位的要求，为我局的土管工作尽自己一份微薄之力。

最后，无论这次竞争结果如何，我都会正确对待，接受组织的考验，胜不骄、败不馁。我相信，有领导和同志们的支持，再凭自己的信心、能力和努力，我是能够胜任地籍科科长这个岗位的。

我的演讲完毕。谢谢大家！

简析

本文最大的亮点是思路相当清晰，首先对自己的工作经历进行了简要的介绍，然后重点介绍自己有胜任地籍科科长的经验与能力，并谈到了自己对未来工作的设想和努力方向。

模板

> _____（标题）
> _____（称谓）
> _____（问候语）
> _____
> _____（简要地自我介绍，交代竞聘岗位，致谢）
> _____
> _____（介绍和竞聘岗位相关的工作经历及工作能力）
> _____
> _____（介绍竞聘成功后的工作设想或努力方向）
> _____
> _____（最后表明有胜任该项工作的信心）
> _____（再次表示感谢）

病文诊断

病文

×××竞聘演讲稿

各位评委，各位领导：

你们好！豪情满怀抒壮志，乘风破浪定有时。我竞聘的是办公室秘书职位。

下面，请允许我将我自己的一些基本情况向各位评委和各位领导作一个简要介绍。我叫××，现年××岁，大学文化程度，20××年×月参加工作，历任××××××。

我出生在汉江之滨的××市，大学毕业后，告别家乡的山山水水，来到美丽富饶的东西湖地区参加工作，从此我便把这块美丽的土地当作我的第二故乡，竭诚用自己满腔的赤诚来热爱她，用自己的科研成果和力量来建设她，用自己辛勤的双手来美化她。在这里，我得到了党组织和同志们的帮助和关怀，大家在政治上信任我，生活上关心我，学习上帮助我，工作上支持我，使我扩大了视野，学习了知识，得到了锻炼，增长了才干，丰富和提高了自己，使我逐步地成长成熟起来。在办公室工作的这段经历，是我一生中最宝贵的财富，更是我人生道路上最重要的转折点。在得到锻炼，增长才干的同时，我也饱尝了它的酸甜苦辣，局外人也许难以知晓。"眼睛一睁，忙到熄灯"是办公室工作的最大特点，工作繁杂，事无巨细，经常工作八小时以外还要加班加点，有时接到上级布置的时效性很强的文稿写作或调研任务，无论是炎炎酷暑，还是风雪寒冬，不管是节日假日，还是白天黑夜，我们都不得不通宵达旦地伏案疾书，加班加点连轴转。为了写好一篇文稿，常常呕心沥血，殚精竭虑，甚至到了食不甘味、夜不能寝、"为伊消得人憔悴"的地步。文秘人员，作为领导的参谋助手，要求我们在日常生活中眼观六路，耳听八方，处处留心搜集基层的情况，同时要注意领会领导的思想动态，不仅要做到自己的思维行动与领导意图合拍，还要有超前思维，未雨绸缪。此外，办公室是来访人员的"减压器"，要求我们言词准确、态度和蔼，时刻做到"骂不还口，打不还手"，拥有广阔的胸襟。述不完的艰辛、描不完的困惑，但我一点也没有退怯，而是勇敢地去面对。今天站在这里，我仍然慎重地说，我要竞争办公室秘书这个职务，不仅是因为对于这项工作的热爱，对于大家对我无私帮助的涌泉回报，更重要的是这个职务代表着公司的形象，是公司对外的窗口和纽带，是年轻人锻炼成长、展现自我的广阔舞台。

各位评委、各位领导，给我一个机会，我将让您无比满意。今天，我为能够接受大家的挑选而自豪；明天，你们将为你们无悔的选择而自豪！我的演讲完毕。谢谢大家。

诊断

（1）语言啰唆，内容庞杂，偏离主题。

（2）重点不突出。讲述在办公室的工作经历时，没有提到自己的竞聘优势，反而透露出对工作艰辛的抱怨与委屈情绪。

（3）对于以后的工作，没有谈到自己的打算或设想，缺乏胜任新岗位的说服力。

拓展

演讲前需要做哪些准备工作

（1）把演讲稿预讲3次以上。要练习口才，并没有什么特别的途径，知道并不代表拥有，只有练习、练习、再练习。一切成功的演讲都来自充分的准备。

（2）列好简明扼要的演讲提纲。背稿会增加压力，我们应学会在脱稿前记住演讲提纲，包括开场怎么吸引听众，重点的内容是什么，如何结束效果最好，等等。

（3）放松情绪。演讲前一天晚上保证睡眠质量，保持头脑清醒；进行良好的心理暗示，告诉自己能够演讲成功；对演讲时有可能发生的一切情境进行预设，并做好预案。

（4）了解场地及辅助工具的使用。提前了解场地分布情况；和主持人沟通，明确对自己的介绍准确无误；熟悉麦克风、音响设备等。

微课：演讲小技巧

任务 2　拟写会议方案

（一）会议方案的概念

　　会议方案是一种为大型的或重要的会议所做的预设方案。为了保障会议的预期效果，要在会议召开前对会议期间的整个日程作出安排。

（二）会议方案的分类

　　按会议性质的不同，会议方案可分为以下三种：

　　（1）代表会议方案。代表会议一般参加人数较多，召开时间较长，会议程序严格，而且不同级别的代表会有不同要求，其方案也比较复杂。

　　（2）工作会议方案。工作会议虽然不像代表会议在程序和规格上要求那样严格，但在材料的准备工作上也要有自己突出的特点。

　　（3）表彰奖励性会议方案。表彰奖励性会议除会议本身之外，因涉及奖旗、奖状、奖品等，故还需要在财务和物资方面做好准备，其会议方案比较复杂。

（三）会议方案的特点

　　（1）目的性。会议是为了某个明确的目的而开展的活动，因此具有目的性。

　　（2）组织计划性。会议方案要对会议整个程序进行有计划的安排和组织。只有这样，才能使会议有序地进行，从而实现会议的目标。

　　（3）群体沟通性。会议是一种至少三人参加的活动。参会者通过沟通，从而获得新的想法，这往往也是会议的目标之一。

（四）会议方案的结构与写作要求

1.会议方案的结构与写法

　　（1）标题。规范的写作应由召开单位、事由（会议名称）和文种类别（方案）三要素组成。有时会省略会议召开机关。

（2）正文。通常由开头、主体和结尾三部分组成。

①开头部分交代开会的缘由及会议的基本情况，如组织单位、会议名称、时间、地点、规模等。②主体部分，主要写会议内容、会议资料、会议议程及会议保障工作。③结尾部分，强调对本会议方案的执行。这个部分主要是会议资料的内容及会议保障工作的落实，如会议座位安排表、会议经费预算表、后勤分工表等。

（3）落款。落款为组织单位的名称（全称）及发文日期。

2. 会议方案的写作要求

（1）思路清晰，要了解会议的基本信息和重点内容，以及怎样有计划地进行组织，心中必须有一本明账，这样才能表达清楚。

（2）可采用多样化的表达形式。会议的准备工作非常琐碎，若文字不能表述清楚，可采用表格或图片等多种表达形式。

（3）重视附件的作用。若正文中涉及的内容过多，有些内容（如组织分工等）可采用附件的形式来展示。

范文简析

范文

20××年××市信息工作会议筹备方案

为全面、及时了解和掌握全市各项工作动态，畅通信息渠道，加强工作交流，为领导科学决策提供有效依据和信息服务，确保下情上传的时效性和上情下达的针对性，切实加强全市信息报送力度。经研究，拟于近期召开××市20××年信息工作会议，现提出以下筹备方案。

一、会议时间、地点

20××年12月7日，在××宾馆主楼会议室召开，会期一天。

二、参会人员

1.市委副书记、纪委书记

2.市委办公室主任、市委办公室副主任

3.保密委主任、机要局局长

4. 信息督查科科长、文秘科科长

5. 文秘科副科长、信息督查科副科长

6. 各乡（镇、场）党委、街道党工委，市委各部、委、办，市直各单位党组、党委（总支、支部），市直机关工委分管领导及信息员。

总计：×××人。

三、会议议程

（一）会议拟由市委办公室主任主持。

（二）上午9点请市委副书记讲话，对做好全市党委系统信息报送工作提出明确要求。

（三）上午10点由信息督查科科长×××简要通报今年以来信息报送有关情况。

（四）上午11点至12点进行会议表彰。

1. 纪委书记宣读表彰决定

2. 颁奖

（五）下午2点进行信息培训。

（六）下午5点会议结束。

四、会务工作安排

（一）会议通知由××负责；

（二）会标：20××年××市信息工作会议，主讲桌放置鲜花，由××负责；

（三）会前对会场音响效果、灯光进行全面测试，确保灯光、音响正常，由××负责；

（四）参会领导安排主席台桌椅，其他人员依次就座。印制全体参会人员座位表，确保对号入座。参会各单位座签核对、增补桌签及摆放，由××负责；

（五）会场安排××名服务员负责茶水服务，发奖仪式安排××名礼仪人员，由××负责；

（六）会议材料装入文件袋，材料准备和装袋由办公室部门负责；

（七）领导和部门进会场座位引导由××负责，会议照相由××负责，会议录像由××负责；

（八）安排参会人员用餐，地点在××宾馆主楼餐厅，就餐人员×××人。

五、会议预算

（一）场租费：××××元（会场、音响、茶水）

（二）会标、桌签、文件袋、鲜花：××××元

（三）荣誉证书：××××元（数量暂定）

（四）餐费：××××元

共计：××××元

中共××市市委办公室

20××年12月1日

简析

会议基本信息明确，考虑周全，组织工作条理清晰，责任到人。

模板

_____（标题）

_____

_____（开头：召开会议的原因）

_____

_____（主体：介绍会议的基本信息：时间、地点与会人员、主题等）

_____

_____（主体：重点写会议的内容、会议资料的准备）

_____

_____（主体：会务保障，具体写会务工作的准备及分工）

_____

_____（结尾：强调会议的重要性及对本方案的执行）

附件：_____

_____（署名）

_____（日期）

病文诊断

病文

会议方案

一、会议议题

B 酒店集团管理公司关于下属 16 家酒店如何推行新的人事管理和运营模式，交流经验的会议。

二、与会人员

1. 和公司长期保持良好合作关系的业内几家知名酒店的高管人员，有香格里拉酒店经理 ××、天外天酒店经理 ××、新华酒店经理 ××。

2. 本酒店的董事长、酒店总公司经理、下属 16 家酒店的经理。

三、会议议程

1. B 酒店集团管理公司董事长致辞。

2. 各合作酒店经理作报告，交流合作的经验。

3. 各下属酒店代表发言，交流经验和人事管理、运营模式。

4. 董事长作会议的总结报告。

5. 会议主持人致会议闭幕词。

6. 会后召开庆祝晚会。

四、选择会场

会议的成败与场地的选择有很大的关系。会议地点的选择要与会议的目的相吻合。所以应根据会议的目的了解会议的实际需求，并以此来选择有相应的环境和设施的会场。因为本酒店的交流会议属大型会议，所以选择了下面的会场：

1. 本次会议定在 B 酒店集团管理公司的总部酒店的会议中心。

2. 此会议中心的大小符合会议的规模要求，可容纳 50 人。

3. ……

4. ……

五、会场布置

（一）场地布置

1.会场布置的形式采用礼堂式，可以最大限度地摆放桌椅，容纳较多的人。

2.背景墙。根据会议室的大小制作背景墙，背景墙一般都是以大红色为主，因为这样显得很高档，很大气。背景墙能烘托会场气氛。投影仪要避开背景墙，背景墙是展现公司形象的一方面，如果投影仪挡住了背景墙，就有点喧宾夺主的感觉。所以要根据领导讲话的习惯，放在领导的左侧或右侧，不与背景墙重叠。

3.……

4.……

（二）一般会务用具

1.身份证，即带有会议特征的身份牌，是举办会议的必要用具。

2.记录用具，是提供给来宾作会议记录的用具。

3.宣传用具，包括请柬、海报、会刊等。

（三）会务用品

有酒店名衔的印制品、标准的打印纸、有横格的便条纸、便笺簿、笔、公司电话簿、剪刀、订书机、订书钉、直尺、工具箱、绳线、加长电线、透明胶、空白登记表格、有关资料等。

六、会议接站

接站：提前告知航班、火车车次的客人，会议公司安排举姓名牌接站；未告知行程的代表，会议公司安排全天候（两天）机场、车站举会议牌接站。

诊断

（1）会议基本信息不明确，比如会议时间、参会代表的食宿问题。

（2）分不清主次，比如选择会场的理由完全可以删掉，只需告知会议地点。

（3）会场布置可采用表格的形式把每个环节及其要求写出来，而不用阐述为什么要这么做。

（4）缺乏会议的保障工作内容和会议日程的内容，没有署名、日期。

拓展

会议主席台座次安排图示

原则：左为上，右为下。

当领导同志人数为奇数时，1号首长居中，2号首长排在1号首长右边，3号首长排左边，其他依次排列，如图1-1所示（观众席视线）。

7	5	3	1	2	4	6

图 1-1　奇数座次安排

当领导同志人数为偶数时，1号首长、2号首长同时居中，1号首长排在居中座位的左边，2号首长排右边，其他依次排列。如图1-2所示（观众席视线）。

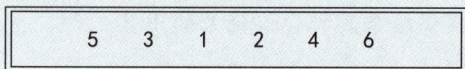

5	3	1	2	4	6

图 1-2　偶数座次安排

任务 3 拟写欢迎词

（一）欢迎词的概念

欢迎词是指在接待或招待客人的正式场合中，主人对宾客的到来表示欢迎时所用到的演讲稿、讲话稿，也指行政机关、企业事业单位、社会团体或个人在公共场所欢迎友好团队或个人来访时致辞的书面文稿。

（二）欢迎词的类别

1. 按表达方式分类

（1）现场讲演欢迎词。现场讲演欢迎词一般是由欢迎人在被欢迎人到达时在欢迎现场口头发表的欢迎稿。

（2）报刊发表欢迎词。报刊发表欢迎词是发表在报刊或公开发行刊物上的欢迎稿。它一般在客人到达前后发表。

2. 按社交的公关性质分类

（1）私人交往欢迎词。私人交往欢迎词一般是在个人举行较大型的宴会、聚会、茶会、舞会、讨论会等非官方的场合下使用的欢迎稿。通常要在正式活动开始前进行。

（2）公事往来欢迎词。一般在较庄重的公共事务中使用。

（三）欢迎词的特点

（1）注重礼貌。为了表示对客人的欢迎，礼貌是最基本的礼仪。

（2）情真意切。真挚的、发自内心的感情是双方进一步合作的基础。

（3）言简意赅。欢迎仪式一般时间较短，欢迎词除了要表达诚挚、热烈的欢迎之情，还要把双方合作的事项等诸多内容简明扼要地表达清楚。

（四）欢迎词的结构和写作要求

1. 欢迎词的结构与写法

一篇欢迎词主要由标题、称呼、正文、结尾和落款等部分构成。

（1）标题。标题的写法一般有两种。一种是以文种名作标题，如"欢迎词"；另一种是由致词人、致词场合、文种三个要素构成，如"××董事长在××开幕式上的欢迎词"，或者由致词场合和文种名共同构成，如"在××展览会上的欢迎词"。

（2）称呼。在标题下一行顶格写对欢迎对象的称呼，称谓要用全称，后加冒号。为了表示亲切和尊敬，多在称呼前加上"尊敬的""敬爱的"，在称呼后加上"先生""女士"等词语，在姓名后加职衔。

（3）正文。

① 开头要对客人表示热烈的欢迎和诚挚的问候。

② 阐述来访的意义。阐述和回顾双方在某个合作领域共同的立场、观点、目标、原则等内容，或较具体地介绍来宾在各方面的成就及在某方面作出的突出贡献。同时要指出来宾本次到访或光临对增加宾主友谊及合作交流所起到的现实意义和历史意义。

（4）结尾。祝会议取得圆满成功，预祝宾客与会议代表在访问期间、会议期间过得愉快。

（5）落款。在结尾右下方署上致辞人的姓名或单位、致辞的日期，如果标题中已有名称可不再署名，只标明日期。

2. 欢迎词的写作要求

（1）了解清楚欢迎对象的身份、职务及头衔，称呼要用全称、尊称，加上必要的头衔或亲切的修饰性词语。

（2）简要回顾双方的合作和对方来访的意义。如若双方观点不一致，应当坚持求同存异原则，多谈一致性，不谈或少谈分歧。

（3）语言要朴实、热情，语气要亲切、诚恳，遣词造句中不可流露出怠慢之意。

范文简析

范文

习近平在北京2022年冬奥会欢迎宴会上的致辞

尊敬的巴赫主席，尊敬的各位同事，女士们，先生们，朋友们：

在中国人民欢度新春佳节的喜庆日子里，同各位新老朋友在北京相聚，我感到十分高兴。首先，我代表中国政府和中国人民，代表我的夫人，并以我个人的名义，对来华出席北京冬奥会的各位嘉宾，表示热烈的欢迎！向所有关心和支持北京冬奥会的各国政府、各国人民及国际组织表示衷心的感谢！我还要特别感谢在座的各位朋友克服新冠肺炎疫情带来的困难和不便，不远万里来到北京，为冬奥喝彩、为中国加油。

昨晚，北京冬奥会在国家体育场正式开幕。时隔14年，奥林匹克圣火再次在北京燃起，北京成为全球首个"双奥之城"。中国秉持绿色、共享、开放、廉洁的办奥理念，全力克服新冠肺炎疫情影响，认真兑现对国际社会的庄严承诺，确保了北京冬奥会如期顺利举行。让更多人参与到冰雪运动中来，是奥林匹克运动的题中之义。中国通过筹办冬奥会和推广冬奥运动，让冰雪运动进入寻常百姓家，实现了带动3亿人参与冰雪运动的目标，为全球奥林匹克事业作出了新的贡献。

女士们、先生们、朋友们！自古以来，奥林匹克运动承载着人类对和平、团结、进步的美好追求。

——我们应该牢记奥林匹克运动初心，共同维护世界和平。奥林匹克运动为和平而生，因和平而兴。去年12月，联合国大会协商一致通过奥林匹克休战决议，呼吁通过体育促进和平，代表了国际社会的共同心声。要坚持相互尊重、平等相待、对话协商，努力化解分歧，消弭冲突，共同建设一个持久和平的世界。

——我们应该弘扬奥林匹克运动精神，团结应对国际社会共同挑战。新冠肺炎疫情仍在肆虐，气候变化、恐怖主义等全球性问题层出不穷。国际社会应当"更团结"。各国唯有团结合作，一起向未来，才能有效加以应对。要践行真正的多边主义，维护以联合国为核心的国际体系，维护以国际法为基础的国际秩序，共同建设和谐合作的国际大家庭。

——我们应该践行奥林匹克运动宗旨，持续推动人类进步事业。奥林匹克运动的目标是实现人的全面发展。要顺应时代潮流，坚守和平、发展、公平、正义、民主、自由的全人类共同价值，促进不同文明交流互鉴，共同构建人类命运共同体。

女士们、先生们、朋友们！"爆竹声中一岁除，春风送暖入屠苏。"中国刚刚迎来农历虎年。虎象征着力量、勇敢、无畏，祝愿奥运健儿像虎一样充满力量、创造佳绩。我相信，在大家共同努力下，北京冬奥会一定会成为简约、安全、精彩的奥运盛会而载入史册。

最后，我提议，大家共同举杯，为国际奥林匹克运动蓬勃发展，为人类和平与发展的崇高事业，为各位嘉宾和家人的健康，干杯！

2022 年 2 月 5 日

（资料来源：中国青年报）

简析

本文脉络清晰，结构完整，从三个方面重点突出本次冬奥会召开的意义。

模板

＿＿＿＿＿＿＿＿（标题）
＿＿＿＿＿＿（称谓）
＿＿＿＿＿＿＿＿（问候语）
＿＿＿＿＿＿＿＿＿＿＿＿＿＿＿＿＿＿＿＿＿＿＿＿＿＿＿＿＿＿＿＿＿（对来宾的到来表示欢迎与感谢）
＿＿＿＿＿＿＿＿＿＿＿＿＿＿＿＿＿＿＿＿＿＿＿＿＿＿＿＿＿＿＿＿＿（回顾双方的合作情况、取得的成绩及对方的贡献）
＿＿＿＿＿＿＿＿＿＿＿＿＿＿＿＿＿＿＿＿＿＿＿＿＿＿＿＿＿＿＿＿＿（指出来宾本次到访的意义）
＿＿＿＿＿＿＿＿＿＿＿＿＿＿＿＿＿＿＿＿＿＿＿＿＿＿＿＿＿＿＿＿＿（预祝活动顺利举行，再次致谢）
＿＿＿＿＿＿＿（署名）
＿＿＿＿＿＿＿（日期）

病文诊断

病文

欢迎词

女士们、先生们:

值此××公司10周年庆典之际,我代表××公司领导和全体同仁,并以我个人的名义,向前来参加庆典的贵宾们表示诚挚的谢意!

我公司已经上市8年,年利润高达5 000多万元,离不开我们全体员工的锐意进取和艰苦奋斗。今天,老朋友远道而来,与公司商洽合作事宜,我们颇感欣慰。对此,我们表示热烈的欢迎。

"有朋自远方来,不亦乐乎。"在新老朋友相会之际,我提议:为今后我们之间的进一步合作,干杯!

诊断

(1)态度不够谦恭,把公司取得成绩完全归结于公司的功劳,完全抹杀了合作伙伴的支持与帮助,毫无诚意。

(2)对合作伙伴本次来访的目的仅一句"与公司商洽合作事宜,我们颇感欣慰"略过,从自身利益出发,给人以被利用的感觉。对于来访的意义,根本没有涉及,脱离了致欢迎词的主要意图。

(3)结构方面,没有写致辞人的署名和致辞日期。

拓展

导游欢迎词的写法

(1)开头部分,首先对欢迎的对象(团友)表示真诚的欢迎,让团友带着愉快的心情开启旅游之旅。然后对自己及司机师傅作一个简要的介绍。

(2)主体部分介绍这次旅游的路线及几个主要景点。用风趣的语言调动团友们的兴趣与好奇心。

(3)结尾部分,根据平日的经验,介绍这次旅游需要注意的事项,包括时间节点、证件的准备、饮食和住宿安排等,让团友感觉到服务的温馨与体贴。最后,对他们的到来再次表示热烈的欢迎。

任务 4　拟写讲话稿

（一）讲话稿的概念

讲话稿也称发言稿，是指人们在会议上或其他公众场合发表讲话时使用的文稿。一般指领导讲话稿，即各级领导人在各种重要会议上或特定场合所作的带有宣传、指示、总结性质讲话时所用的文稿。

（二）讲话稿的分类

依据不同的场合、对象、用途，讲话稿可分为以下三类。

（1）会议讲话稿。这是领导讲话稿中数量最多、占比重最大的一类。

（2）宣传类讲话稿。这是出于宣传某种主张、某项工作、某件事情的目的，在非会议场合的讲话稿。

（3）礼仪类讲话稿。这是出于感谢、答谢、慰问、庆贺等目的，在各种非会议仪式场合的讲话稿。

（三）讲话稿的特点

（1）内容针对性。讲话稿的内容由会议主题、讲话者和受众等因素决定。

（2）主题导向性。讲话的目的明确，都是为了让听众接受某个观点、某种思想或完成某种任务。

（3）篇幅规定性。讲话是有时间限制的，因此讲话稿的篇幅受讲话时间影响。

（4）风格独特性。讲话稿一般都符合讲话领导的个性，具有独特的风格。

（5）交流互动性。讲话的目的就是达到与听众互动的效果，因此讲话稿一般都具有交流互动性。

（四）讲话稿的结构与写作要求

1. 讲话稿的结构与写法

讲话稿一般由标题、称谓、问候语、正文、落款构成。

（1）标题。分为两种：①标明讲话人的姓名、身份、讲话场合、讲话主题和文种名称等内容。②采用正副标题形式。正标题突出主题，副标题标明发言人姓名、身份和会议名称。

（2）称谓。根据与会人员的情况和会议性质给与会者或听众确定适当的称谓，要求庄重、严肃、得体。如"同志们""各位专家"等。

（3）问候语。向与会者问候，如"你们好""大家好""下午好"等。

（4）正文。正文由导语、主体和结语组成。导语用简要的几句话概括全文的主要内容或主要意图；主体部分是讲话稿的核心部分，要求围绕讲话的主题展开阐述，材料要丰富，条理要清晰。结语要简洁、有力，或总结，或提出希望，或引人深思。

（5）落款。署名要写明单位名称、职务和姓名。如果在标题下已署名，则不必再在正文右下方署名。日期要写全成文的年、月、日。

2. 讲话稿的写作要求

（1）对象明确。一方面，要明确讲话人是谁，必须清楚讲话人的身份、地位及其平时的语言习惯。这样才能符合讲话人的特点，具有个性。另一方面，要明确听众是谁，必须考虑他们的相关情况，如身份、职业、年龄、文化程度以及和讲话者的社会关系等。只有了解清楚二者的情况，在写作中将二者较好地结合起来，讲话才能收到良好的效果。

（2）语言通俗易懂。讲话稿是为了讲话而写的，有别于一般的书面文章。因此，讲话稿应多使用口语化的语言，需通俗、形象，特别是要把抽象的、深奥的东西具体浅显化。这样既能抓住听众，也有利于讲话人根据现场情境临场发挥。

（3）主题集中，立场鲜明。一篇讲话稿只围绕一个主题来展开，切忌贪多求全。因领导讲话具有一定的导向性，因此，讲话稿必须亮明观点，表明态度：赞成什么，反对什么，表扬什么，批评什么，都必须明确，不能和稀泥。对于要达到的目标、完成的任务、采取的措施等更是要明确具体。

（4）条理清晰，逻辑分明。讲话稿是用于口头表达的，听众主要靠听觉来接收信息，讲话稿应特别注意结构层次，做到条理清晰、逻辑分明，听者才能听得清楚、明白。

范文简析

范文

赵立坚在神舟十二号成功返回地球时的讲话稿

各位记者朋友们：

就在记者会开始前不久，我和大家一样怀着激动的心情，在电视机前见证了神舟十二号飞船返回地球的历史性时刻。欢迎神舟十二号回家，欢迎三位航天英雄凯旋！

从6月17日成功发射升空以来，神舟十二号航天员乘组在空间站组合体工作生活了90天，圆满完成了舱外维修维护、设备更换、科学应用载荷等一系列操作任务，刷新了中国航天员单次飞行驻留时间的纪录。昨天，神舟十二号与空间站天和舱成功实施分离，并与空间站组合体完成绕飞及径向交会试验，成功验证了径向交会技术，为后续载人飞行任务奠定了重要技术基础。

在欢迎并庆祝神舟十二号回家时，我们不禁回想起2003年神舟五号载人飞船发射成功的景象。时至今日，中国自主实施载人飞行任务已有18年。18年来，中国载人航天工程实现了从一人一天到多人多天、从舱内工作到太空行走、从短期停留到中长期驻留的不断跨越。每一步跨越，都凝聚着航天员们飞天逐梦的勇敢与执着，为人类和平利用太空贡献了中国智慧和力量。

探索宇宙是全人类共同的事业。中国政府一贯致力于和平利用外空，始终按照"和平利用、平等互利、共同发展"原则与有关国家广泛开展载人航天合作与交流。中国空间站已进入全面建造阶段。中国将继续加大国际合作与交流的深度与广度，使中国空间站成为造福全人类的太空实验室，为人类探索宇宙奥秘、和平利用外空、推动构建人类命运共同体作出积极贡献。

2021年9月17日

简析

本讲话稿围绕"中国航天事业飞速发展"这个主题，具体谈到了神舟十二号完成的任务以及18年来航天发展的每一个奇迹。契合主题，高度凝练。结尾强调中国政府的决心：为人类探索宇宙奥秘、和平利用外空、推动构建人类命运共同体作出积极贡献。

（资料来源：中华人民共和国外交部官网）

模板

```
_____（标题）
_____（称谓）
    _____（问候语）
    _____
_____（开头：简要介绍本次活动的情况，对来宾表示欢迎和感谢）
    _____
_____（概括本次讲话的主题）
    _____
_____（围绕主题，选取相关事件展开讲话）
    _____
_____（再次强调或总结讲话主题，提出希望）
    _____
_____（预祝本次活动或会议成功举行，再次致谢）

                          _____（署名）
                          _____（日期）
```

病文诊断

病文

文化节开幕式讲话稿

各位来宾，各位老师，同学们：

大家上午好！

今天，我们迎来了学院第七届校园文化节开幕式。我谨代表全校师生，对第七届文化节的隆重开幕，表示热烈的祝贺！

文化可以陶冶心灵，文化可以鼓舞人心，文化可以丰富人生。校园里就是因为有了多彩的文化才有灵动的精神。因此，繁荣校园文化、倡导精神文明、塑造优良品格、陶冶高尚情操，使同学们崇尚文化、热爱艺术、热爱人生。这就是我们举办本届文化节所追求的目标。请允许我介绍参加本次开幕式的领导：学院党委书记李××、学院院长王××、副院长张××。

文化节早已成为校园一道亮丽的风景线，成为师生们心仪的节日。文化节为同学们提供了一个发现自我、充实自我、展现自我的舞台。在历届文化节中，活动种类多样而且参与性极高，比如校园歌手大赛、新生杯篮球赛、辩论赛、办公软件使用技能大赛等。这些活动的成功举办不仅能够发掘同学们的潜力，发挥大家的个性特长，展现同学们积极向上的精神风貌，而且活跃了校园文化生活，加深了师生之间的了解与沟通，营造了积极向上、清新高雅、健康文明的校园文化氛围，推动了校园精神文明建设。可谓十分有意义。

文化节是学校校园文化的浓缩，是学校办学特色的呈现，是充分展示全体师生才华和魅力的一次盛会。一所学校如果只有知识学习，没有文化、艺术、体育等丰富多彩的活动，那么就不是育人的天堂和成长的家园。学校给同学们搭建了锻炼的舞台，希望同学们能够积极参与活动，展示自己的聪明才智和艺术才能，到舞台上尽情演绎，展现自己的特长，放大自己的亮点，开发自己的潜能。

谢谢大家！

诊断

（1）标题表述不完整。可修改为"第七届校园文化节讲话稿"。

（2）思维混乱。在几个段落中反复提及举行文化节的意义，且语言啰嗦；介绍领导应放在开头第一段。

（3）主题不突出。只对往届文化节进行了介绍，而忽略了讲话的主题应是介绍本次文化节。

拓展

怎样为领导写讲话稿

（1）讲话稿很少由领导本人一字一句写成，往往领导只是提供理念、思路、要求。领导只告诉你要讲什么，至于怎么讲，需要作者认真思考。

（2）学会跟领导沟通。怎么沟通要看领导的风格。有的领导喜欢给每个人分工，你写这一段，他写那一段。有的领导喜欢稿件全部完成后，再提修改意见。

（3）必须达到一种"有我无我"的境界。"有我"是说必须有强烈的责任心，想从哪里随便抄几句话是不行的；"无我"是别把自己带进去，要假设自己是个领导，又要站在更高的角度看问题。

（4）必须学会时刻"对标对表"——对世界形势的判断、对国内经济情况的分析，不能脱离中央的基本立场。

（5）平时多阅读，多熟悉上层相关文件和政策精神，反复阅读，读多了，自然会形成机关文风。

（6）一个好的讲话稿至少要有新内容，如果没新内容，那就要有新提法，要是什么都没有，那么至少你起的题目要有新意。

（资料来源：《南方周末》，有改动）

任务 5　拟写宣传海报

知识链接

（一）海报和海报设计的概念

"海报"这个中文名词最早起源于上海，是指用于戏剧、电影等演出或球赛等活动的招贴，后来泛指向广大群众介绍某物体、某事件的招贴。

海报设计是视觉传达的表现形式之一，通过版面的构成在第一时间内将人们的目光吸引，并获得瞬间的刺激，这要求设计者将图片、文字、色彩、空间等要素进行完美的结合，以恰当的形式向人们展示宣传信息。

（二）海报的分类

海报从内容上可以分为以下几类：①电影海报；②文艺晚会、杂技、体育比赛等活动类海报；③学术报告类海报；④个性海报。

根据目的和性质来分，海报分为公益性海报和商业性海报。

（三）海报的特点

（1）尺寸大。因张贴于公共场所，会受到周围环境和各种因素的干扰，所以必须以大画面及突出的形象和色彩展现在人们面前。

（2）远视强。以突出的商标、标志、标题、图形，或对比强烈的色彩，或大面积的空白等使海报成为视觉焦点，引起人们的注意。

（3）艺术性高。尤其是商业性海报，以具体艺术表现力的摄影、造型写实的绘画或漫画形式表现为主，给消费者留下真实感人的印象和富有幽默、情趣的感受。

（四）海报的结构和写作要求

1. 海报的结构与写法

海报一般由标题、正文和落款三部分组成。

（1）标题。海报的标题写法较多，大体可以有以下形式：

①单独由文种名构成。即在第一行中间写上"海报"字样。

②直接揭示活动内容。如"学院杯篮球赛"等。

③由一些突出主题的描述性文字构成。

（2）正文。其内容包括：

①活动的目的和意义。

②活动的主要项目、时间、地点等。

③参加活动的具体方法及一些必要的注意事项等。

（3）落款。署主办单位的名称及海报的发文日期。

以上格式是就海报的整体而讲的，在实际使用中，有些内容可以减少或省略。

2. 海报的写作要求

（1）具体真实地写明活动的地点、时间及主要内容。

（2）篇幅要短小精悍，文字简洁明了。

（3）艺术设计不可哗众取宠，掩盖主题。

范文简析

范文1

（资料来源：新华社）

简析

　　吉祥物"冰墩墩"的肚皮上印着奥运会的标志，基本信息明确；"冰墩墩"圆滚滚的冰雪身体站在白雪皑皑的土地上，手里举着冰花，天空飘着雪花，一切设计的元素都是为了突出"冬季奥运会"这个主题。

范文 2

<h3 style="text-align:center">水风船话剧社招新海报</h3>

　　招演员——如果你曾迷恋灯光下的舞台，想象灵魂离开自我进入另一个人的躯体，并在那个虚拟而真实的时空里喜怒悲欢，体验另一种生活。如果你是，请入座。

　　招编剧——如果你初尝人生百味，愿意用酸甜苦辣体察人生的况味，像大厨一样用人生五味为人们调制精神的菜肴。如果你是，请入座。

　　招舞美——如果你钟爱赤橙黄绿，愿意用绚丽的色彩描述你对这个世界的感受，像画师一样用线条、色彩表达你对舞台的理解。如果你是，请入座。

　　…………

　　本学期水风船话剧社面向全院招新，共有六个组：

编导组（编剧＋导演）

表演组（角色表演）

道具组（道具的设计制作及演员化妆）

宣传组（话剧宣传及社内行政事务管理）

影后组（话剧影视片花制作）

技术组（话剧 VI 设计及海报画册制作）

　　希望加入话剧社的同学将个人简历用电子档的形式发到水风船话剧社的总部邮箱（shuifengchuan@126.com）。简历包括以下内容：姓名、个人照片、专业班级、联系电话、想加入的组部、个人简介。我们将根据简历择优通知考试事宜（编导组和道具组需要笔试，表演组和宣传组需要面试，影后组和技术组需要有一定的个人作品）。简历投交（即报名）的截止时间为 2022 年 11 月 4 日中午 12 点，逾期不受理。

水风船话剧社
2022 年 10 月 19 日

简析

　　这则招新海报，文字简洁明了。首先用排比句引人注意；然后介绍具体招新岗位；最后提出招新要求。整则海报用词简洁，篇幅短小精悍。

模板

　　　　　　　　　　　　_____（标题）
_____
_____（设计活动主题，以此吸引大家的注意）
_____
_____（明确具体的基本信息：时间、地点等）
_____
_____（其他事项：参加方法、优惠政策等）

　　　　　　　　　　　　　　_____（署名）
　　　　　　　　　　　　　　_____（日期）

病文诊断

病文

诊断

　　基本信息不具体，活动时间应具体到几点开始，几点结束；时间和地点分散在两处，且时间重复出现；出现两个意义相同的主题；背景设计为一个"宝座"，显得过于夸张，不符合实际；"有本事你来啊"的用语也不太得体。

拓展

海报艺术设计的几个小技巧

（1）可以通过图像和色彩来突出内容，提高视觉冲击力。

（2）一般以图片为主，文案为辅。

（3）表达内容不可过多，关键是抓住主要诉求点。

（4）主题的字体要醒目。

任务 6 拟写活动策划方案

💡 **知识链接**

（一）策划方案的概念

策划方案是通常以文字或图文为载体，对未来的重要活动进行规划和筹备，为组织者展现具体的活动安排的文稿。它将策划思路与内容客观、清晰、生动地呈现出来，高效地指导实践行动。

（二）策划方案的分类

根据对象、内容、用途的不同，常用的策划方案有以下四类：活动策划方案，会议策划方案，广告、宣传策划方案和产品、营销策划方案。

（三）策划方案的特点

1. 可操作性

策划方案形成的目的就是保障整个活动有序地进行，可操作性是其最大的特点，否则，方案就失去了意义。

2. 指导性

策划方案是对整个活动的规划与安排，能够指导活动中各个环节的工作及其关系的处理。

3. 计划性

对于繁杂的细节性事物，策划方案一般都会有计划、有条理地作出安排，以便高效地执行到位。

（四）策划方案的结构与写作要求

1. 策划方案的结构与写法

策划方案写作分为三大部分：标题、正文、落款。

（1）标题。一般由活动名称加文种构成。

（2）正文。可分前言、主体和结尾三个层次。① 前言。阐明举行重大活动的目的、意义、背景等。② 主体。一般包括以下内容：活动的基本信息，比如时间、地点、规模、主办单位等，也可将此部分与前言合并；活动的程序或者内容；保障活动开展的组织工作及分工。③ 结尾。提出要求，强调本次方案的落实和执行。

（3）落款。包括署名和日期。

2. 策划方案的写作要求

（1）主题突出。一个策划方案只能解决一个问题。

（2）具有创意。抓住目标，设计一个创意点。这对广告类、营销类策划非常重要。

（3）条理清晰。无论是哪种策划方案，涉及的流程及具体事物都会很复杂，必须梳理清楚，才能保证策划方案的落实。

（4）形式多样。根据不同的情况，可采取表格、图片、统计图等多种表达形式。

范文简析

范文

"我的大学我做主"演讲活动策划方案

一、活动目的

通过开展"我的大学我做主"的主题演讲活动，为同学们提供一个能够表达自己对大学生活的憧憬和规划的平台。

二、活动意义

为了营造校园文化艺术氛围，丰富同学们的课余文化生活，展示我系新生的青春风采，增强同学们的自信心与荣誉感，我系特举办以"我的大学我做主"为主题的演讲展示活动。

三、活动对象

活动对象为测绘工程系全体同学。

四、活动主题

活动主题为"我的大学我做主"。

五、主协办单位

主办：测绘工程系学生会。

协办：测绘工程系学生会组织部。

六、活动时间、地点

活动时间：2022 年 5 月 15 日上午 10：00—12：00。

活动地点：学院图书馆三楼报告厅。

七、比赛形式

比赛形式为演讲。

八、参赛要求

1. 参赛者思想端正，普通话标准。

2. 参赛者具有一定的语言表达能力，感情丰富。

3. 所选作品体裁不限，切合主题，内容积极向上，具有时代气息，能够体现当代大学生的风采。

4. 时间为 3 ～ 5 分钟。

5. 若有配乐或演示文稿，请自带音乐播放器或 U 盘。

6. 参赛选手到会场后在签到处签到，比赛正式开始后 15 分钟未签到者视为弃权。

九、评分细则

（1）以百分制计算，由评委评分。

（2）计算分值时，去掉一个最高分，去掉一个最低分，再累加后求平均值即为选手得分。

序号	细　　　则	得分
1	着装整齐，大方得体	10
2	吐字清晰，普通话标准	20
3	表现力、应变能力强，能活跃气氛	20
4	观点鲜明，内容充实生动	25
5	具有创意性，演讲结构清晰，论据充足，逻辑性强	25

十、奖项设置

本次比赛将设定 6 个获奖名额，其中分别设一等奖 1 名、二等奖 2 名、三等奖 3 名。

十一、比赛程序

1. 评委及嘉宾入场。

2. 主持人致辞。

3. 主持人宣布比赛规则并介绍各比赛选手。

4. 比赛环节：选手必须在演讲前介绍自己。

5. 待所有的选手比赛完，邀请评委代表上台点评，工作人员进行统分。

6. 评委点评后，主持人上台宣布比赛结果（依次为三等奖、二等奖、一等奖）。

7. 获奖人员上台领奖。

8. 主持人宣布比赛结束，全体工作人员、嘉宾、评委、选手合影留念。

9. 工作人员负责做好后期工作。

十二、各部门职责安排

1. 组织部：在活动前一周做好相关策划书，并与各个部门针对策划书及任务分工进行讨论。

2. 学宣部：在活动前一周做好相关宣传海报，并与系内各班宣传组织委员联系，做好宣传工作。

3. 秘书部：在活动前负责准备比赛所用的话筒、嘉宾签到名单、选手号码牌、纸笔等必需品。并在活动当天负责嘉宾签到。

4. 生活部：在活动前一周，将活动所需物品准备好，并与秘书部紧密联系，认真做好相关后勤工作，为各部提供所需服务。

5. 文艺部：在活动前一周要确定活动主持人（男、女各1名），并且对其进行训练；事先准备好相关主持稿；确定会场礼仪名单（男、女各2名）；准备一些在活动中表演的小节目、小游戏。

6. 编辑部：在活动正式开始前一天，负责将存有选手比赛所用的配乐或PPT的U盘收集起来，并在活动前在指定地方（教学楼大厅）试播，确认是否可用（若不可用，应及时与选手联系）；在活动中，要安排人负责播放选手的PPT或配乐；安排成员记录活动情况并拍照，事后进行相关报道。

7. 体育部：在活动中主要负责维持场内秩序，并安排成员计时、计分（2名计时员，2名计分员），并在赛前对其培训。

组织部、学宣部、秘书部、生活部、文艺部、编辑部、体育部所有学生会成员除事先有安排的，其余所有成员在活动前协助学宣部布置会场，活动结束后参加会场清理工作。参加者都要签到。

十三、经费预算

用品名称	单价（元）	数量	小计（元）	备 注
气 球	7.00	2 袋	14.00	布置会场
电 池	4.00	2 对	8.00	照相机、话筒
卡 纸	1.00	8 张	8.00	号码牌、签到表
矿泉水	1.50	20 瓶	30.00	
双面胶	2.00	2 卷	4.00	
索尼耳机	130.00	1 个	130.00	奖 品
蓝牙音箱	80.00	2 个	160.00	奖 品
充电宝	60.00	3 个	180.00	奖 品
荣誉证书	5.00	6 个	30.00	
总 计			564.00	

测绘工程系学生会组织部
2022 年 3 月 10 日

简析

流程完整，内容全面，组织得当，语言表述简练、清楚，表达形式多样。

模板

```
_____（标题）
_____（活动的目的及意义）
_____（活动主题）
_____（主办单位、承办单位、赞助商）
_____（活动时间与地点）
_____（活动对象）
_____（活动形式与内容（流程））
_____（工作安排）
_____（经费预算）
_____（要求与注意事项）

                                    _____（署名）
                                    _____（日期）
```

病文诊断

病文

美丽或伤痛，在于我们的行动

一、活动背景

6月5日为世界环境日，中国的主题为"生态安全与环境友好型社会"。为了支持世界环境日，响应国家环保政策，参与"环保家园 生态中国"世界环境日全国高校总动员，提高当代大学生的环保意识，使所有在校大学生行动起来，逐渐改变目前日益严重的环境问题，让我们校园变得更加美丽，充满绿色；让祖国的大好山河远离污染，永葆青春；让我们的地球母亲不再流泪，充满生机。

因此，环保高校行活动围绕着世界环境日在学校开展一系列相关的活动：通过图片展览、发放传单、支持签名、观看环境教育影片、举办讲座等方式。使同学们深刻认识到当前环境所面临的危机与希望，从而激发个人的环保意识，力争使更多的人关注环境，投身环保，真心实意，身体力行，让我们的家园更加美好！

二、主题

美丽或伤痛，在于我们的行动。

三、具体日程

通过图片展、发放传单、签名支持等方式让同学们认识到，中国虽然还有许多环境优美生态保存完好的地方，但也有很多地方遭受或正在遭受着人类不当行为的破坏，结果造成了严重的环境问题，留下了永久的伤痛。美丽或伤痛，在于我们的行动。有些事情可能我们暂时无能为力，但我们现在能为改善环境所做的事情也有很多：节约用水用电，减少使用一次性用品，支持再生资源利用等。只有行动起来，从小事做起，积少成多，发挥集体的力量，才能够保护住中国及地球的美丽，减少或消除伤痛。

1. 图片展

（1）主要为两组图片：一组为环境未遭受破坏的风景图，一组为环境遭受人为破坏后的图片。交叉放置形成对比，让人真切感受到美丽与伤痛的强烈反差，从而唤起人们的环保意识。

（2）场地：工学馆大厅。

（3）照片征集：向全系师生征集。

（4）时间：6月5日至7日。

2. 发放传单

（1）主要配合图片展，宣传主题是"世界环境日"。

（2）场地：食堂门口及人员流量大的地方。

（3）时间：早中晚人流高峰期。

（4）传单数量：视经费而定，100张以上。

3. 签名支持

（1）以行动支持活动，留下自己的承诺及签名。

（2）场地：图片展周围，需向学校借桌子。

（3）材料：横幅、签名笔。

（4）时间：6月5日中午。

（5）签名完毕横幅悬挂于图片展区，继续接受签名。

4. "环境与生活"征文

准备奖品，鼓励同学踊跃投稿。

诊断

（1）标题虽然突出了活动的主题，但应加上副标题，使读者明确具体的活动。

（2）思维不够严谨，活动背景与活动意义可以分开来写。具体日程中，"通过图片展，……减少或消除伤痛"的内容，实质上还是在阐述活动的意义，可以合并到前一部分。且语言不简练，十分啰唆。

（3）语言表述不准确、不严谨，图片展中的"时间：6月5日至7日"这个时间未指明是图片征集时间还是展出时间，有歧义。策划方案的目的是让组织者更好地组织活动，是活动实施的依据。而本文发放传单中"传单数量：视经费而定，100张以上"表述非常不严谨，让组织工作在这个细节方面无法开展。

（4）一个大型的活动，离不开细致的组织与分工，而本文却缺少了这部分的重要内容。

拓展

营销策划方案 3W 策略思维图

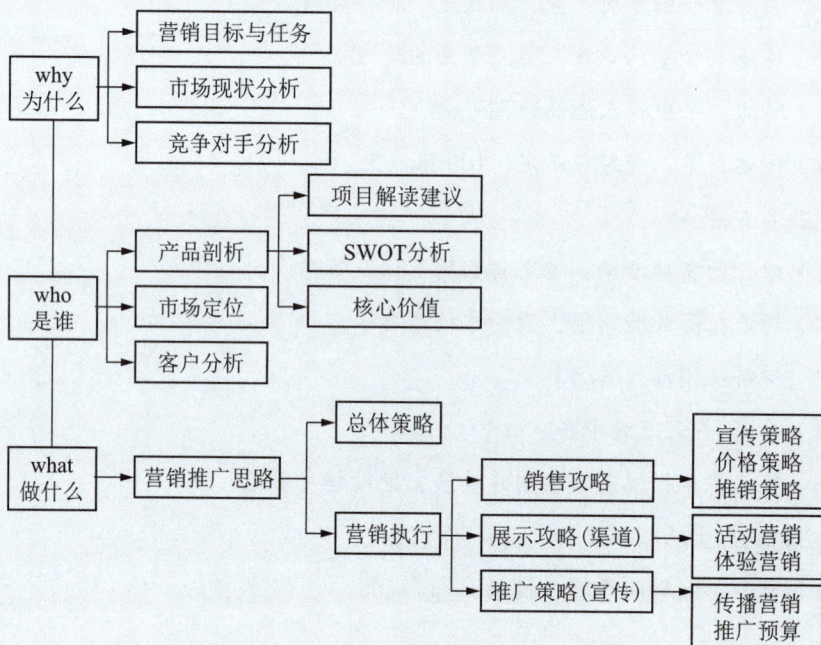

```
                  ┌─→ 营销目标与任务
  why    ────────→├─→ 市场现状分析
  为什么          └─→ 竞争对手分析

                              ┌─→ 项目解读建议
                  ┌─→ 产品剖析 ─├─→ SWOT分析
  who    ────────→├─→ 市场定位  └─→ 核心价值
  是谁            └─→ 客户分析

                                        ┌─→ 宣传策略
                  ┌─→ 总体策略    ┌─→ 销售攻略 ──→ 价格策略
  what   ──→ 营销推广思路 ─┤              │              推销策略
  做什么          └─→ 营销执行 ──├─→ 展示攻略(渠道)──→ 活动营销
                                │                   体验营销
                                └─→ 推广策略(宣传)──→ 传播营销
                                                    推广预算
```

实习篇

情景导入

肖雅是 ×× 职业技术学院文秘专业的一名大三学生，通过自己的努力，今年九月进入 ×× 集团物流公司办公室实习。办公室王主任对她表示热烈的欢迎。为了方便工作，准备给她配置一台电脑和一台打印机，并请她以办公室的名义向公司写一份请示。不久，经研究，公司领导同意该请示，让肖雅代公司拟一份批复。

实习工作是忙碌而紧张的。这天，王主任交给肖雅公司这个月的材料，要她拟一份工作报告，向集团汇报物流公司这一个月的工作情况。

随后，王主任又给她一份材料，反映的是客户服务部员工刘芳在接待一名客户时，发现该客户走后将公文包遗忘在办公室，公文包里装有近 3 000 元、各种银行卡及证件，还有许多重要资料。但她没有被眼前的利益所诱惑，而是毫不犹豫地将公文包交给公司，并联系客户前来取包。该客户为了表示感谢，与公司签订了近 50 万元的合同。公司决定奖励刘芳 500 元，并通报表扬。王主任请肖雅以公司的名义拟写一则表彰通报。

另外，王主任又告知肖雅，公司准备派 3 名人员到 ×× 物流公司参观学习，请她以公司名义给该物流公司写一份商洽函。

这天，肖雅刚上班，就收到财务部李兰送来的公司 11 月份的财务报表，并给李兰写了张收条。没过多久，接到妈妈的电话：爸爸突然中风了，妈妈正在医院等她拿钱去办入院手续。肖雅赶紧给王主任写了请假条，并向王主任借了 3 000 元。

……

时间过得真快，转眼就到年底了。公司领导要开会商讨下一阶段的工作安排，王主任让肖雅参会旁听做好记录，会后拟写一份会议纪

要。这次会议决定召开年终总结大会，请肖雅以公司的名义拟一则会议通知。同时，王主任给了肖雅一些材料，让肖雅拟写一份公司年度工作总结，并在年终总结大会召开以后写一则新闻报道。

肖雅在四个月的实习期间完成了以上写作任务，自己的专业能力得到了极大的提升。

任务清单

任务 1　拟写请示

任务 2　拟写批复

任务 3　拟写工作报告

任务 4　拟写表彰通报

任务 5　拟写商洽函

任务 6　拟写请假条

任务 7　拟写借条

任务 8　拟写收条

任务 9　拟写会议纪要

任务 10　拟写会议通知

任务 11　拟写工作总结

任务 12　拟写新闻

任务 1　拟写请示

（一）请示的概念

请示是下级机关向上级机关请求指示、批准时使用的一种上行公文。

（二）请示的分类

按行文实际目的的不同，请示一般可分为以下三种：

1. 请求批准的请示

这是下级机关就某项工作、某个问题，自己无权决定和处理时，请求上级机关审核、批准的请示。

2. 请求指示的请示

这是下级机关在工作中遇到对某一方针、政策不明确、不理解，或对新问题、新情况不知如何处理时，请求上级给予明确的解释和指示的请示。

3. 请求批转的请示

这是下级机关处理重大事项，超出本机关职权范围，需要其他地区、部门、单位贯彻执行，所以提出意见书，请示上级批转的请示。

（三）请示的特点

（1）先行性。请示必须在事前行文。

（2）期复性。请示要求上级机关给予明确回复。

（3）单一性。请示在内容上要求一文一事。

（四）请示的结构与写作要求

1. 请示的结构和写法

请示的结构由标题、主送机关、正文、落款等部分构成。

（1）标题。请示标题有以下两种形式：

① 由"发文机关名称＋事由＋文种"构成，如《××大学关于增拨教育经费的请示》。

② 由"事由＋文种"构成，如《关于外贸出口商品实行分类经营规定的请示》。

标题的事由部分不能出现祈请类的词语，如"申请""要求""请求"等语。例如：《××关于请求（申请、要求）解决××水库除险加固工程经费的请示》。

（2）主送机关。标题下顶格写明负责受理和答复该文件的机关的名称，且只能写一个。

（3）正文。正文由开头、主体、结尾三部分构成。

① 开头。主要交代请示的缘由。它是请示事项能否成立的前提条件，也是上级机关批复的根据。原因讲得客观、具体，理由讲得合理、充分，上级机关才好及时决断，予以针对性的批复。

② 主体。主体部分为请示的主要内容，主要说明请求事项。它是向上级机关提出的具体请求，也是陈述缘由的目的所在。这部分内容要单一，只宜请求一件事。另外请示事项要写得具体、明确、条理清楚，以便上级机关给予明确批复。

③ 结尾。结尾部分应另起一段，一般用"以上妥否？请批复""以上请求当否？请批复"等习惯用语收结正文。

（4）落款。在正文右下方署明发文机关全称，加盖公章，并在下面写明成文时间。标题写明发文机关的，这里可不再署名，但需加盖公章。

2.请示的写作要求

（1）请示的理由要充分。

（2）请示的事项要明确。

（3）请示的内容要单一。

范文简析

范文1

××县邮政局关于增设中兴街邮政营业所的请示

××省邮政管理局：

为合理组织网点，扩大邮政服务范围，我局拟在中兴街设立邮政营业所一处。

中兴街地处我县西郊，驻街机关、工厂、学校较多，系单位和居民密集地带。但该处距县局约2 000米，用户使用邮政很不方便。

为缓解当地用邮困难状况，我局近年来定期组织流动服务组到该处服务，但由于没有固定局房，生产和生活诸多不便。且自20××年省有关部门公布我县为开放旅游区以来，当地邮政业务量激增，流动服务组的方式已远远不能满足需要。

为此，请核准增设中兴街邮政营业所。

以上意见妥否？请批复。

附件：1. 中兴街位置图

       2. 拟建房平面图

××县邮政局（公章）

20××年×月×日

简析

这是一份请求批准的请示，以目的和想法开头，然后严谨有序地阐述了3点充分的理由，再提出"请核准增设中兴街邮政营业所"的请求，请示事项水到渠成，顺理成章，具有说服力，格式规范。上级机关能够据此尽快作出批复。

范文2

××省高等人民法院关于交通肇事是否给予被害者家属抚恤问题的请示

最高人民法院：

据我省××县人民法院报告，他们对交通肇事致被害人死亡，是否给予被害者家属抚恤的问题，有不同意见。一种意见认为，被害者若是有劳动能力的人，并遗有家属要抚养的，给予抚恤。另一种意见认为，只要不是由被害者自己的过失所引起的死亡事故，不管被害者有无劳动能力，都应酌情给予抚恤，我们同意后一种意见。几年来的实践经验证明，这样做有利于安抚死者家属。

妥否？请批复。

××省高等人民法院（公章）

2022年××月××日

简析

这是一份请求指示的请示，针对工作中遇到的"交通肇事是否给予被害者家属抚恤问题"时，阐明了两种不同意见，并表达了自己的意见及其作用，供上级机关批复时参考。全文层次清楚，条理分明，便于上级机关及时批复。

范文3

关于中国公民自费出国旅游管理暂行办法的请示

国务院：

随着对外改革开放的不断扩大，人民生活水平不断提高，今年来，中国公民自费出国旅游不断增加，为了适应改革开放的形势，加强中国公民自费出国旅游的管理，特制定了《中国公民自费出国旅游管理暂行办法》。

暂行办法如无不妥，请批转发布执行。

附件：《中国公民自费出国旅游管理暂行办法》

国家旅游局（公章）

公安部（公章）

1997 年 2 月 28 日

简析

这是一份请求批转的请示，开头即开宗明义，阐述原因。请示事项部分，摆事实，说明实际情况的确是迫切需要，不但有充足的理由，而且有充分的根据。要求合理、势在必行，上级机关应予批准。

模板

_____（标题）

_____（主送机关）

_____（请示缘由，要充分）

_____（请示事项，要单一、明确、具体）

_____（结语）

_____（署名、公章）

_____（日期）

病文诊断

病文

关于要求解决学生宿舍拥挤等问题的请示

市人民政府、市教育局：

　　我校今年由于住宿生急剧增加，已有的学生宿舍已无法容纳所有的住宿生，现在住宿生基本上是一个床位两个人睡，严重影响学生的身心健康。为解决这一困难，我校决定再建一栋学生宿舍楼。另外，我校图书馆也尚未达到省"两基"标准，望上级部门给予适当支持。

　　特此请示，请回复。

××市二职
2022年5月15日

诊断

　　这份请示主要存在以下几个问题：

　　（1）标题的事由部分出现祈请类的词语"要求"，应去掉；事由"解决学生宿舍拥挤问题"不明确，应直接写明是"下拨建造学生宿舍楼经费"；"等问题"不符合请示应"一文一事"的要求，应去掉"等"字。

　　（2）主送机关只能有一个，根据"谁主管、请示谁"的原则，可保留"市教育局"，去掉"市人民政府"。

　　（3）请示缘由"已有的学生宿舍已无法容纳"表述不够准确，可改为"造成学生住宿十分困难"；"基本上"表述不够明确，应写明"有×××人是一个床位两个人睡的"；"严重影响学生的身心健康"表述不全面，还应加上"影响学习、生活"；"我校决定再建一栋学生宿舍楼"，应讲明宿舍楼的楼高和建筑面积是多少，同时，"决定"一词也不妥，可改为"准备"。还应补充说明建造学生宿舍楼的经费。如"经有关工程人员预算，共需资金×××万元"。

　　（4）请示事项应明确写明"为此，我们恳请市教育局下拨给我校建造学生宿舍楼经费×××万元"。"另外……给予适当支持"不符合"一文一事"原则，应去掉。

（5）结语应改为"特此请示，请批复"。

（6）落款署名应用学校的全称"××市第二职业中学"，并加盖公章。

拓展

请示的行文规则

请示作为党政公文的一种，它的行文也要符合一定的规则，否则就会出现错误。

（1）一文一事。一份请示只宜请求指示或批准一个事项。

（2）逐级行文，一般不得越级请示。特殊情况需要越级请示的，常采用两种方式：一种是转呈式，可以既避免越级，又明确主送机关；另一种是在越级请示的同时，把请示抄送被越过的主管部门。

（3）只能有一个主送机关。请示应主送直属上级主管机关，其他确需了解请示事项的上级机关，采取抄送形式处理。

（4）不能直接主送领导者个人，或既写主送机关，又同时主送、抄送给主送机关领导人。

（5）不能在上报请示的同时抄送平级和下级机关。

（资料来源：2012年《党政机关公文处理工作条例》，有改动）

"请示"测试

"请示"微课

任务 2　拟写批复

知识链接

（一）批复的概念

批复是上级机关用于答复下级机关请示事项的下行公文。

（二）批复的分类

根据内容、性质的不同，批复可分为以下两类：

（1）指示性批复。指示性批复主要是针对方针、政策性问题进行答复。这一类批复，不仅是对请示机关提出请示事项的答复，而且批复的指示性内容在其管辖范围内，具有普遍的指导和规范作用。

（2）表态性批复。表态性批复是对请示事项表示同意或不同意的批复。

（三）批复的特点

1.针对性

批复必须针对请示机关行文，而对非请示机关不产生直接影响；批复的内容必须针对请示事项，不涉及请示事项以外的内容。

2.权威性

批复是答复下级机关请求事项的回复性公文，它提出的处理意见和办法，代表上级机关对问题的决策意见，对下级机关具有行政约束力。批复一经下发，下级机关必须遵照执行。

（四）批复的结构与写作要求

1.批复的结构和写法

批复的结构由标题、主送机关、正文和落款等部分组成。

（1）标题。批复的标题有多种构成形式：

① 由发文机关名称、批复事项、行文对象和文种构成，如《国务院关于同意安徽省设立滁州市巢湖市给安徽省人民政府的批复》。

② 由发文机关名称、事由和文种构成，如《民政部关于江苏省撤销南通县设立通州市的批复》。

③ 由事由和文种构成，如《关于不宜办理安乐死公证事项的批复》。

④ 由发文机关名称加原件标题和文种构成，如《××县人民政府关于修建杨湾电站的请示的批复》。

（2）主送机关。批复的主送机关是指与批复相对应的请示发文机关，一般是一个。

（3）正文。正文由引语、主体、结语三部分组成。

① 引语。引语主要引述下级机关来文标题和发文字号，必要时还可以引述来文要点，这也是批复的根据。往往用过渡语"现批复如下"引出批复意见。

② 主体。主体部分针对请示的内容，作出明确的答复，即同意或不同意。对请示的问题要作出指示，指明注意事项。如不同意要尽量写明理由，以便下级机关接受。如果涉及问题较多，则应该分项来写。

③ 结语。结语提出希望、要求、限定条件和说明。一般用"此复"或"特此批复"等惯用的结束语。

（4）落款。在正文右下方署明发文机关全称，加盖公章，并在下面写明成文时间。

2. 批复的写作要求

（1）态度鲜明，意见具体。

（2）文字简洁，用语准确。

（3）针对请示事项，答复全面。

（4）及时批复，以免贻误工作。

范文简析

范文1

国务院关于同意设立江西内陆开放型经济试验区的批复

国函〔2020〕36号

江西省人民政府、国家发展改革委：

你们关于江西内陆高水平开放试验的请示收悉。现批复如下：

一、同意设立江西内陆开放型经济试验区（以下简称试验区），试验区建设总体方案由国家发展改革委印发。

二、试验区建设要以习近平新时代中国特色社会主义思想为指导，全面贯彻党的十九大和十九届二中、三中、四中全会精神，坚持新发展理念，坚持推动高质量发展，坚持以供给侧结构性改革为主线，主动融入共建"一带一路"，积极参与长江经济带发展，对接粤港澳大湾区建设、长三角一体化发展，以体制机制改革为重点，挖掘区域合作潜力，推动资源要素自由高效流动，加快构建内外并举、全域统筹、量质双高的开放格局，努力走出一条内陆省份双向高水平开放，以开放促改革、促发展、促创新的新路子。

三、江西省人民政府要切实加强对试验区建设的组织领导，完善工作机制，落实工作责任，抓紧编制并落实好具体实施方案，有力有序推进试验区发展。涉及的重要政策和重大建设项目要按程序报批。

四、国务院有关部门要按照职能分工，加强对试验区建设发展的指导，在规划编制、政策实施、项目布局、体制创新等方面给予积极支持，帮助解决试验区发展过程中遇到的困难和问题。国家发展改革委要加强统筹协调，做好跟踪督促，研究新情况、解决新问题、总结新经验，重大事项及时向国务院报告。

特此批复。

国务院

2020 年 4 月 6 日

简析

先引对方来文主要内容，便于收文者明确这是自己哪篇请示的批复，然后主体部分首先对请示事项明确表示态度，并对实施中的部分问题作了指示。

范文 2

关于《中国公民自费出国旅游管理暂行办法》的批复

国家旅游局、公安部：

国务院原则同意《中国公民自费出国旅游管理暂行办法》，由你们发布施行。

附：《中国公民自费出国旅游管理暂行办法》

国务院

1997 年 3 月 17 日

简析

这是一份表态性批复。全文共一句话，有两层含义：一是表示"同意"，二是表明发布文件的方式。

模板

_____（标题）

_____（主送机关）

_____

_____（引语，主要引述下级机关来文标题和发文字号）

_____

_____（主体，针对请示的内容，作出明确的答复）

_____

_____（结语，提出希望、要求、限定条件和说明）

_____（署名、公章）

_____（日期）

病文诊断

病文

关于修建新办公楼请示的批复

××厂：

有关请示收悉。关于修建新办公楼一事，经研究，还是以不建为宜。此复。

××公司（公章）

20××年××月××日

诊断

这份批复主要存在以下几个方面的问题：

（1）引语交代不清。引语只有"有关请示收悉"，没有引述来文的标题、发文字号等，缺乏明确的发文依据，直接影响批复的效力。

（2）态度含糊不清。文中"还是以不建为宜"，语气不坚决，不明确，易使人以为还有进一步讨价还价的机会，从而有损公文的庄重和严肃，也使受文单位难以执行。

（3）缺乏对所持意见的说明。对于不同意修建新办公楼这一事项，应说明理由。

任务 3　拟写工作报告

（一）报告的概念

报告是下级机关向上级机关或业务主管机关汇报工作、反映情况、提出意见或者建议、答复上级机关的询问时使用的一种上行公文。

（二）报告的分类

根据内容、性质的不同，报告可分为以下几种：

1. 工作报告

凡是用来向上级汇报工作的报告，都是工作报告。工作报告又可分为综合工作报告和专题工作报告两种。

2. 情况报告

向上级反映本单位发生的重大问题和主要情况。这类报告主要是针对工作中出现的有关问题及处理情况向上级汇报，以便于领导把握事件的最新动态，并采取相应的措施。

3. 答复报告

答复报告是指答复上级机关询问事项时使用的报告。

4. 报送报告

报送报告是向上级报送文件、物件时使用的报告，正文通常非常简略，只需写明"现将 ××××× 报上，请指正（请查收）"即可。真正有意义的内容都在所报送的文件里。

5. 建议报告

对自己职权范围内的某方面工作有了深思熟虑、切实可行的设想之后，将其归纳整理成意见、办法、方案，上报上级，希望上级机关采纳，这就是建议报告。

（三）报告的特点

1. 陈述性

下级机关在使用报告来汇报工作、反映情况、答复询问时，所表达的内容和使用的语言都是陈述性的。

2. 单向性

报告是下级机关向上级机关行文，为上级机关进行宏观领导提供依据，一般不需要受文机关的批复，属于单向行文。

3. 沟通性

报告是下级机关取得上级机关的支持、指导的桥梁，也是上级机关获得信息、了解下情，进行决策、指导和协调工作的依据。

（四）报告的结构与写作要求

1. 报告的结构和写法

报告的结构由标题、主送机关、正文和落款等部分构成。

（1）标题。报告的标题有以下两种形式：

① 由发文机关名称＋事由＋文种构成，如《××学院团委2021年度工作报告》。

② 由事由＋文种构成，如《关于治理水质污染问题的报告》。

（2）主送机关。标题下顶格写明受文单位名称，报告的事项是由谁主管的，主送单位就写它的名称。一般只写一个。

（3）正文。报告的正文分为前言、主体和结尾三部分。

① 前言。前言是报告的基础，重点讲清报告的原因、依据、意义和目的，把有关情况交代清楚即可，不用具体展开说明。常用"现将××××情况报告如下"引入主体。

② 主体。主体是报告的核心，应具体讲清有关的工作情况、存在的问题、事情发展的趋势、提出的意见或建议、已经采取或即将采取的措施等。主体应当有条理，有层次，内容具体，材料翔实，情况准确。

③ 结尾。结尾部分应另起一段，一般用"特此报告""专此报告""请审阅"等习惯用语收结正文。

（4）落款。在正文右下方署明发文机关全称，加盖公章，并在下面写明成文时间。标题写明发文机关的，这里可不再署名，但需加盖公章。

2. 报告的写作要求

（1）实事求是，切忌浮夸。

（2）重点突出，中心明确。

（3）内容简明扼要，用语精练。

（4）不夹带请示事项。

范文简析

范文 1

×× 中学关于 20××—20×× 学年安全工作的报告

×× 区教育局：

本学年开学以来，在校舍紧张，资金缺乏的情况下，我校全体领导、教师齐心协力，克服了重重困难，保证了教育教学工作的有序开展和安全教育的同步实施，使得学校安全工作井然有序，实现了学校制定的"确保实现零责任事故，争取实现零意外事故"的安全工作目标，保证了学校的安全工作有序推进。现就我们的工作作如下汇报。

一、建章立制，让安全工作有规可依

根据学校工作安排，学期初，我们制定了详细的安全工作制度，8月30日，学校与教师签订了《安全工作责任状》《班主任工作职责》《值日制度》，做到安全工作人人有责；我们还制定了《楼道安全管理办法》《路队护送制度》《返校回家签字制度》《留守学生管理办法》《食堂工作制度》，做到安全工作处处有规可依。

二、详细记载，让安全工作有据可查

学校针对安全工作实际，在安全工作的细节上下功夫，我们强调工作要做，做了要留下记号，要最大限度地规避安全风险。学校的记录材料的填写分工明确，值日领导记《校务日志》，值日教师记《安全工作记录》和《疾病晨检表》，政教主任记《政教处工作日志》，总务主任记《校舍安全记录》。分管校长负责食品卫生的各项记录，做到细节不放过，安全无小事，让安全工作有据可查。

三、领导带头，让安全工作有样可学

安全工作重在"细"，我们强调安全工作由领导带头，管理干部要以身作则，我们对老师的要求是"看着我们的干部做，干部怎么做，老师就怎么做"，给教师做榜样，按照"带着感情抓安全，身体力行抓安全"的要求，用制度、纪律来激励和约束，让人人能以校为家，以校为荣。我们实行的全天候的教师监管，保证了安全工作的稳步实施。

四、寻求配合，让安全工作齐抓共管

学校与派出所建立了长期联系的机制，派出所把××片的警备室设在我们××中学校内，形成警校联动的良好新形式，这对保障我校安全工作有一定的促进作用。实现了治安与学校安全工作的良好互动，推进了安全工作的全面展开。

我校还向家长发送了假期《安全工作简报》，让家长在假期督促学生注意安全，树立安全意识，关注安全问题，让家家明白安全工作的重要性。

尽管如此，安全工作的成效是暂时的，我们准备以全部精力投入安全工作中去，但存在的问题是多方面的，特别是我们的校舍紧张，女生宿舍已成危房，这成了制约我们安全工作的一大障碍，但本着对师生负责的态度，我们没有推诿，没有等待。我们准备向社会各界各行业筹措资金对危房进行改造。

特此报告。

××中学（公章）

20××年×月×日

简析

这篇报告属于工作报告中的专题报告。报告中侧重汇报了在学校安全工作方面取得了什么成绩，为取得这些成绩学校做了哪些工作，有什么经验，还存在什么问题，便于上级了解情况，为下一步决策提供信息。格式完整，内容具体。

范文2

××市人民政府关于治理××河水质污染问题的报告

××省人民政府：

省政府转来××××××委员会提出的关于××河水质污染问题的报告，经市政府调查研究，对报告中提出的有关问题及解决方案报告如下：

（1）解决××河水质污染问题的关键是尽快建成污水处理厂。现在××河的污染主要是××区排放的污水所致。××区的排放量为25万吨，污水比较集中，因污水处理厂未能及时建立，所以污水直接排入××河，造成了××河的污染。

为了解决××河的污染，市政府已抓紧××区污水处理厂建设，争取在20××年建成。××区污水处理厂原设计概算为8 316万元，按现行价格估算约为1 100万元，已于20××年×月开工，建成了8项附属设施，完成投资200万元。市政府今年安排的300万元投资已全部落实，×区城环局正在组织实施。

根据××河河道以南人口密集区的地下水污染和环境问题，可在污水处理厂未建成之前，利用现有污水管道，把污水引到某区污水处理厂以西，污水直接排入污水处理厂的出口，这就避开了污染区。

（2）电热厂的粉煤灰也是污染源之一。对于电热厂、储灰厂的选址，必须考虑到对环境的污染。选址已责成××区电热厂抓紧做工作，争取尽快报市政府有关部门审批。对于储灰厂渗漏对地下水的污染，主要采取截流集中排放的措施，以减少对地下水的污染。

××市人民政府（公章）

20××年×月×日

简析

这是一篇答复报告。首先以上级机关所转来文及询问问题作为报告依据，然后用"对报告中提出的有关问题及解决方案报告如下"过渡到下文。在报告主体部分，从两个方面答复上级的询问，一是污染的原因，二是解决污染的途径，很有针对性。

范文3

关于加强工商行政管理工作的报告

国务院：

为深化改革，促进社会主义市场经济持续、稳定发展创造良好的条件，根据国务院赋予工商行政管理机关的职能，进一步拓宽监督管理的广度，增加监督管理的深度，强化监督管理的力度，为此，今年全国工商行政管理局长会议进行了专门研究，对下一步工作提出以下意见：

一、进一步依法加强对生产资料市场的监督管理，不断提高集贸市场的管理水平。（略）

二、加强对国有和集体企业的监督管理，积极支持企业集团的建立和发展。（略）

三、切实加强对个体、私营经济的监督管理，引导他们健康发展。（略）

四、严肃查处制造、经营伪劣商品和刊播虚假广告的行为，切实维护国家和人民群众的利益。（略）

五、依法保护注册商标专用权，加强商标领域中的国际合作。（略）

六、加强廉政建设，提高工商行政管理队伍的素质。（略）

以上报告如无不妥，请批转各地区、各部门执行。

国家工商行政管理局（公章）

20××年×月×日

简析

这是一篇建议报告。国家工商行政管理局在报告中提出工作意见，希望国务院采纳并批转各地区、各部门执行。

模板

_____（标题）

_____（主送机关）

_____
_____（前言，讲清报告的原因、依据、意义和目的）

_____
_____（主体，讲清有关的工作情况、存在的问题、事情的发展趋势、提出的意见、已采取或即将采取的措施等）

_____
_____（结语，一般用"特此报告""专此报告""请审阅"等习惯用语）

_____（署名、公章）

_____（日期）

病文诊断

病文

关于申请拨给灾区贷款专项指标的报告

省行：

× 月 × 日，×× 地区遭受了一场历史上罕见的洪水袭击，× 江两岸乡、村同时发生洪水，灾情较重。据初步不完全统计，农田受灾总面积达 25 000 多平方千米，各种农作物损失达 100 多万元，农民个人损失也很大。灾后，我们立即深入灾区了解灾情，并发动干部群众积极开展生产自救。同时，为了帮助受灾农民及时恢复生产，我们采取了下列措施：

（1）筹集恢复生产所需的资金，并以自筹为主。确有困难的，先以现有农贷指标中的贷款作为支持。

（2）对受灾严重的困难户，优先适当贷款，先帮助他们解决生活问题。到 × 月 × 日止，此项贷款已达 ×× 万元。

由于这次灾情过于严重，集体和个人的损失都很大，短期内恢复生产有一定的困难，仅靠正常农贷指标难以解决问题。为此，请省行下达专项救灾贷款指标 ×× 万元，以便支持灾区迅速恢复生产。

以上报告当否，请批示。

×× 银行 ×× 市支行（公章）
20×× 年 ×× 月 ×× 日

诊断

这份报告主要存在以下几个问题：

（1）文种选择有误。从标题看，这篇公文是向省行提出灾区贷款专项指标的申请，目的是获得省行的批准。从正文的主体部分看，两条措施确属报告性质，但随后出现的专项贷款请求，则并非报告应有的内容。从结语看，"以上报告妥否，请批示"，有着很强的期复性。综合起来看，这篇公文改为请示文种更为恰当。标题可改为"关于拨给灾区贷款专项指标的请示"。

如果要写成报告，标题可改为"关于灾区受灾情况的报告"，主体部分应将请示的相关内容删除。

（2）内容偏离中心话题。这还是由原文混淆了报告和请示的界限造成的。如果写成请示，只需写明请示缘由、请示事项，最后提出请示要求即可，与此无关的内容不应写入。而原文提出的两条措施："筹集恢复生产所需的资金，并以自筹为主""对受灾严重的困难户，优先适当贷款"，既不是请示缘由，也不是请示事项，不应该写入文中。

如果写成报告，原文中提出的两条措施就可保留，而应删除"为此，请省行下达专项救灾贷款指标××万元，以便支持灾区迅速恢复生产"这一请示的内容。

（3）语言瑕疵较多。文中有多个语言不确切、不严谨的地方。如"×江两岸乡、村同时发生洪水"，×江两岸所有村庄都遭受洪灾似不可能，说洪水是在这些乡村"发生"的也不合常理。"灾情较重"跟后面"这次灾情过于严重"的说法不一致，难以判断实情如何。"据初步不完全统计"，这一表述中，"初步"和"不完全"语意重复。

结语也不妥当。如果写成请示，结语应改为"以上请示妥否，请批复"。如果写成报告，结语应改为"特此报告"。

拓展

"请示"与"报告"的区别

请示与报告都是上行文，人们往往容易将它们混淆，造成文种使用错误。其实，二者的区别还是很明显的。

1.行文目的不同

报告侧重于向上级机关汇报工作，反映情况。

请示旨在请求上级机关的指示、批准。

2.行文时间不同

报告一般在事中或事后行文。

请示需要在事前行文，不能先斩后奏。

3.答复与否不同

报告具有单向性，不需要上级机关的答复，而且报告中不可夹带请示的内容。

请示具有期复性，一定需要上级机关的答复。

4.内容含量不同

报告，尤其是工作报告，可以数事并谈，内容含量较大。

请示要坚持"一文一事"的原则，内容单一。

"报告"测试

"报告"微课

任务 4　拟写通报

（一）通报的概念

通报是表彰先进、批评错误、传达重要精神或通报情况时所使用的文种。

通报具有其他文种不可代替的作用。①提倡和褒奖作用，即通过表彰先进、弘扬正气、树立典型，号召有关单位和群众学习；②告诫和教育作用，即通过批评错误行为或告知典型事件及重大事故，使有关单位和人员吸取教训，引以为戒，尽力避免此类问题的出现；③提醒和启示作用，即通过传达重要的精神和情况，使有关单位了解和把握工作进程、工作重点和必须予以关注的问题，树立整体观念和全局意识，周密安排单位工作。

（二）通报的种类

通报按其性质和用途的不同，一般分为以下三种：

（1）表彰性通报。用于表扬先进集体和个人的事迹，树立榜样，宣传典型，总结成功经验。

（2）批评性通报。用于批评错误，通报事故情况，总结失败原因，以供警戒。

（3）情况通报。用于传达情况和沟通信息。

（三）通报的特点

1. 告知性

通报的内容，常常是把现实生活当中一些正反面的典型或某些带倾向性的重要问题告诉人们，让人们知晓、了解。

2. 教育性

通报的目的，不仅仅是让人们知晓内容，更是让人们在知晓内容之后，从中接受先进思想的教育，或警戒错误，引起注意，接受教训。

3. 政策性

政策性是多数公文共有的特点。但通报，尤其是表扬性通报和批评性通报，其政策性特点更为显著。因为通报中的决定（即处理意见），直接涉及具体单位、个人，或事件的处理，同时，此后也会影响其他单位、部门效仿执行。决定正确与否，影响颇大。因此，通报必须讲究政策依据，体现党的政策。

（四）通报的结构与写作要求

1. 通报的结构与写法

通报的结构由标题、主送机关、正文、落款等部分构成。

（1）标题。主要有以下几种：① 由发文机关、通报事由和文种组成；② 由事由和文种组成；③ 以"通报"文种为标题。

（2）主送机关。受文单位只能是发文机关所隶属的单位和部门。

（3）正文。因为类型的不同，正文的内容侧重点也不同，具体如下：

① 表彰性通报。一般先写有关人物、事件或者典型经验的基本情况；次写有关人物、事件或者典型的经验与意义等；再写表彰决定；最后号召大家学习，提出希望。

② 批评性通报。其正文要用简要明确的概述方法，重点突出地反映事件发生的时间、地点、人物、过程、后果、影响等事实的全貌；并分析事故发生的原因、错误性质和危害，给出恰当的结论；然后，简要地写明处理决定的内容，包括决定目的、依据；最后提出要求和希望。

③ 重要情况通报。其正文内容主要包括通报背景、情况材料、分析说明和希望要求等。背景主要说明通报的缘由和目的；情况材料主要是列举与通报事件有关的基本事实，要求真实、准确；分析说明主要是针对相关事件，根据事实对其性质、影响作出概要中肯的分析评价，表明发文机关的态度；希望要求充分表达发文机关的发文目的和意图。

（4）落款。署名，标明成文时间，并加盖发文单位印章。

2. 通报的写作要求

（1）通报的内容必须真实。通报的事实，所引的材料，都必须真实无误。动笔前要调查研究，要认真核对有关情况和事例，客观、准确地进行分析、评论。

（2）通报决定要恰如其分。无论哪一种通报，都要做到态度鲜明，分析中肯，评价实事求是，结论公正准确，用语把握分寸。否则通报不但会缺乏说服力，而且有可能产生负面影响。

（3）通报的语言要简洁、庄重。其中表扬性和批评性的通报还应注意用语分寸要得当，要力求文实相符，不讲空话、套话，不讲不合适的话。

范文简析

范文1

国务院办公厅关于对国务院第八次大督查

发现的典型经验做法给予表扬的通报

国办发〔2021〕44号

各省、自治区、直辖市人民政府，国务院各部委、各直属机构：

为进一步推动中央经济工作会议部署和《政府工作报告》提出的目标任务落到实处，国务院部署开展了第八次大督查。从督查情况看，各有关地区在以习近平同志为核心的党中央坚强领导下，以习近平新时代中国特色社会主义思想为指导，认真贯彻党中央、国务院重大决策部署，统筹推进新冠肺炎疫情防控和经济社会发展，扎实做好"六稳"工作、全面落实"六保"任务，各项工作取得积极成效。在对16个省（自治区、直辖市）开展实地督查时发现，有关地方围绕减税降费助企发展、扩内需保就业保民生、深化"放管服"改革优化营商环境、推进创新驱动发展等方面，结合本地实际，迎难而上，勇于创新，创造和形成了一批好的经验做法。

为表扬先进，宣传典型，进一步调动和激发各方面真抓实干、改革创新的积极性、主动性和创造性，推动形成干事创业、竞相发展的良好局面，经国务院同意，对北京市坚持"一抓三保五强化"推动实现更加充分更高质量就业等48项典型经验做法予以通报表扬。希望受到表扬的地方珍惜荣誉，再接再厉，充分发挥模范表率作用，不断取得新的更大成绩。

各地区各部门要全面贯彻党的十九大和十九届二中、三中、四中、五中、六中全会精神，统筹推进"五位一体"总体布局，协调推进"四个全面"战略布局，坚持稳中求进工作总基调，立足新发展阶段，完整、准确、全面贯彻新发展理念，构建新发展格局，推动高质量发展，积极应对各种风险挑战。要学习借鉴典型经验做法，加大宣传推广力度，结合实际创造性开展工作，为完成全年经济社会发展目标任务、实现"十四五"良好开局作出积极贡献。

附件：国务院第八次大督查发现的典型经验做法（共48项）

国务院办公厅

2021 年 11 月 8 日

简析

本文首先总体概述督查情况，其次分析说明为什么给予表扬，再次写通报决定，最后提出要求。条理清晰，既有总括式的概述，又有分层次的重点说明。既做到了表彰先进，又提出了要求。本文结构完整，符合通报的结构特点。

范文 2

国务院办公厅关于部分债务沉重地区
违规兴建楼堂馆所问题的通报

国办发〔2021〕39 号

各省、自治区、直辖市人民政府，国务院各部委、各直属机构：

严格控制党政机关办公楼等楼堂馆所建设，是加强党风廉政建设、落实过紧日子要求的重要内容，党中央、国务院对此高度重视。习近平总书记多次强调，要发扬艰苦奋斗、勤俭节约优良作风，坚决反对铺张浪费；党政机关要坚持过紧日子，严肃财经纪律，把各方面资金管好用好。李克强总理指出，各级政府要过紧日子，把每一笔钱都用在刀刃上、紧要处；严禁新建扩建政府性楼堂馆所和搞豪华装修。韩正副总理等国务院领导同志多次对相关工作提出要求。

党中央、国务院明确要求，高负债地区除必要的基本民生支出和机关有效运转支出外，要大力压减基本建设支出，筹措资金化解债务风险。《机关团体建设楼堂馆所管理条例》规定，机关、团体不得建设培训中心等各类具有住宿、会议、餐饮等接待功能的场所和设施。近期，审计署审计发现，一些地区不顾自身财力状况，在政府债务沉重、风险突出的情况下，违反财经纪律和管理制度兴建楼堂馆所。为进一步严肃财经纪律，严格楼堂馆所建设管理，经国务院同意，现将有关情况通报如下：

一、部分地区违规建设楼堂馆所情况

审计发现，青海、宁夏、贵州、云南等4个地方政府债务风险较高的地区，有8个项目不同程度存在违规兴建楼堂馆所问题。

（一）青海国际会展中心。（略）

（二）青海省人力资源社会保障公共服务中心。（略）

（三）青海省胜利宾馆。（略）

（四）宁夏闽宁会议中心。（略）

（五）宁夏闽宁镇酒店管理与服务职业技能实训中心。（略）

（六）宁夏丝路明珠塔。（略）

（七）贵州省遵义市会议中心。（略）

（八）云南省级民主党派大楼和云南中华职业教育社办公楼。（略）

二、存在的突出问题

上述违规动用财政资金兴建楼堂馆所问题，反映出相关地区部门和单位有关人员"四个意识"不强，纪律规矩意识淡薄，艰苦奋斗、勤俭节约思想弱化，对党中央、国务院决策部署贯彻不到位；一些地区业务主管部门、监管部门作用发挥不够，未能及时发现和解决问题。主要体现在以下三个方面：

一是执行财经纪律松弛。有的地方漠视财经纪律，在建设资金没有落实的情况下擅自开工建设，或安排财政资金用于宾馆维修改造和运营，违反了预算管理等相关制度规定。青海省违规向已转制为企业的胜利宾馆安排财政资金用于维修改造和运营。宁夏闽宁会议中心在无建设主体、无资金来源的情况下直接委托企业开工建设，项目一度因资金缺乏而停工，依靠财政支持才完成建设。

二是规避项目审批程序。有的地方采取"未批先建""先建后补"或以政策文件、会议代替审批等方式规避审批，违反了政府投资项目审批管理等相关制度规定。青海省人力资源社会保障公共服务中心直接以政府文件作为建设依据，未履行审批手续。宁夏闽宁会议中心在未办理任何手续的情况下直接开工建设，边实施边补手续。

三是钻制度空子搞变通。有的地方模糊政府和企业界限，混淆业务用房和办公用房界限，违规兴建会议中心，违规使用业务用房，违反了党政机关办公用房管理等相关制度规定。青海省人力资源社会保障公共服务中心以业务用房名义建设，实际违规将部分业务用房作为机关、事业单位办公用房。遵义市以国有企业经营项目名义建设具有住宿、会议、餐饮等接待功能的场所和设施，并通过财政注资、补贴等方式给予支持。

对于审计发现问题，有关地方党委和政府高度重视，积极开展整改工作。有的已经停止项目建设，通过公开拍卖等方式对项目进行转让；有的对违规使用的业务用房进行了封存和移交；有的已按原渠道退还了财政补助资金。后续整改及执纪问责等工作正在进行中。

三、工作要求

严控楼堂馆所建设是党政机关厉行节约、反对浪费的重要内容，事关党和政府形象，无论政府债务风险高低都必须坚持。地方各级人民政府及其工作人员要从审计发现问题中深刻汲取教训，举一反三，引以为戒，认真开展自查自纠，公开曝光典型案例，坚决防止此类问题再次发生，坚定不移把党中央、国务院决策部署落到实处。

（一）切实提高思想认识。各地区、各部门要进一步增强"四个意识"、坚定"四个自信"、做到"两个维护"，对"国之大者"做到心中有数，切实把思想和行动统一到党中央、国务院决策部署上来，不折不扣地抓好贯彻落实。要坚持守土有责、守土尽责，继承和发扬党的光荣传统和优良作风，坚持勤俭办一切事业，抓实抓细楼堂馆所建设管理，坚决反对铺张浪费，坚决刹住违规兴建楼堂馆所的不正之风。

（二）从严落实财经纪律。各地区、各部门要坚持把党政机关过紧日子、严控楼堂馆所建设作为重要财经纪律落实到位。要坚持依法行政、依法理财，推进财政法治建设，细化实化管理措施，大力压缩自由裁量权，扎紧扎密制度的篱笆，消除漏洞和盲点。要硬化预算约束，严格遵循先有预算、后有支出原则，把严把紧预算支出关口。

（三）落实严控楼堂馆所建设主体责任。有关地方人民政府要进一步提高政治站位，对审计发现问题实事求是推进整改，坚决不搞形式主义、不做表面文章；积极防范整改中的风险，防止新增地方政府隐性债务、防止国有资产流失、防止财政资金损失。地方各级人民政府要切实担负起严控楼堂馆所建设的主体责任，充分考虑客观经济规律、发展阶段和财政可承受能力，做到尽力而为、量力而行，严格履行决策和审批程序，完善管理制度和措施，加大审查监督力度，杜绝违规兴建楼堂馆所。

（四）强化项目审批管理和财政支出约束。各地区、各有关部门要严格执行审批程序和规定，防止变相规避审批程序，从严审批楼堂馆所建设项目，加强国有企业投资监管。要加强预算安排与项目审批的衔接，未经审批一律不得安排预算，落实地方政府专项债券资金投向领域禁止类项目清单。地方政府债务风险较高地区要进一步强化财政支出约束，大力压缩非刚性非重点支出，筑牢"三保"（保基本民生、保工资、保运转）防线，同时加强财政可承受能力评估，杜绝超越财力安排支出，防范化解财政运行风险。

（五）加大监督问责力度。地方各级人民政府要进一步健全监督约束机制，对违反财经纪律、不顾偿还能力盲目举债上项目、变相规避审批程序等问题加大核查监督力度，充分发挥审计监督、财会监督、纪检监察监督等方面作用，加强对本地区楼堂馆所建设的全方位监督，对违法违规行为始终保持高压态势，严肃查处、问责到人，让违法违规和失职渎职者付出应有的代价。国务院有关部门要对地方楼堂馆所建设情况持续开展重点监督，及时发现问题并督促地方切实整改。

国务院办公厅

2021 年 10 月 22 日

简析

本文是一篇情况通报。文章用简洁的语言概述了部分债务沉重地区违规兴建楼堂馆所的情况，并对存在的突出问题做了总结，同时详细点明了具体的工作要求。本文结构合理，条理清晰；能够充分体现通报的告知性、教育性、政策性的特点。

模板

_____（标题）

_____（主送机关）

_____

_____（写明通报写作背景和目的）

_____

_____（写明事件的经过）

_____

_____（提炼出经验或指明错误的严重性，并给予性质上的定位，并说明决定）

_____

_____（号召大家学习或引以为戒，提出要求与希望）

_____（署名、公章）

_____（日期）

病文诊断

病文

关于李 ×× 的通报

各系、各班级：

我院 2020 级计算机班学生李 ××，2022 年 1 月 30 日中午到学院饭堂吃饭的时候，看到排队打饭的人多，就要强行插队打饭。同学劝他要遵守纪律时，他还大声说："关你屁事！"一位纠察队员走过来阻止他，他不管三七二十一，拿起搪瓷饭碗打在纠察队员头上，致使那位纠察队员头部受伤。李 ×× 的行为引起了在场其他同学的公愤，有人甚至叫嚷要把他拉到派出所去关押起来。据查，李 ×× 平时学习也不够刻苦，上学期期末考试有一科仅得 61 分。经学院领导研究决定，给予李 ×× 记大过一次。

希望广大同学以此为戒，努力学习，争取在学年考试中取得好的成绩。

×××× 学院（公章）

2022 年 2 月 1 日

诊断

此文属于批评性通报。其作用主要在于宣传教育、提高认识，而不是布置工作。所以，对事实、情况除了选择时要注意其倾向性、典型性，叙述也要有针对性。此篇通报主要有以下几个问题：

（1）部分材料偏离主旨。这篇通报的主旨是要通过对李 ×× 严重违纪伤人事件的处分，教育学生加强纪律性和道德品质的修养。但其中却写入了李 ×× 平时学习不够刻苦，"上学期期末考试有一科仅得 61 分"的材料，这显然是不恰当的。

（2）缺少对李 ×× 错误事实性质的评价。这既不利于鲜明地突出主旨，也不利于提高学生的思想认识。"提出希望"部分的内容，悖离主旨，超出了李 ×× 违纪伤人事实意义的范围。

（3）语言欠凝练。如"他还大声说：'关你屁事'！""他不管三七二十一"等，语言表达都比较粗俗，不符合公文语言简洁庄重的要求。

（4）标题的意义不够清楚。主要是事由不完整、不具体。

拓展

通报、通告与通知的区别

1.通报、通告和通知的区别

通报、通告和通知都能交流情况、沟通信息，但又有区别。

（1）所告知的对象不同。通告所告知的对象是一定范围内的有关单位和人员，它所宣布的规定条文，具有政策性、法规性和某种权威性，要求人们予以遵照执行，一般要求张贴或者通过新闻媒体大力宣传；通报是上级机关把工作情况或带有指导性的经验教训，通报下级机关或单位，受文单位只能是所属的单位或部门；通知的对象一般是与通知内容直接有关的机关、单位和人员，对象明确，具有特定专指性。

（2）时间要求不同。通告、通知都带有预先发出消息的意义，具有预先性。而通报一般是在事后将已经发生的事情，或要求将从中吸取的经验教训通报有关单位。

2.通知与通告的具体区别

通知与通告虽然同属于周知性公文，都可以用来传达上级机关某些方面的意图或要求，但又有以下区别。

（1）适用范围不同。通告适用于公布社会各方面应当遵守或者周知的事项，功能较单纯；通知则可以发布、指示、要求、转文等，适用范围比通告广。

（2）受文对象不同。通告的对象一般是公众，具有普遍告知性；通知的对象一般是与通知内容有关的机关、单位或人员，对象明确，具有专指性。

（3）目的要求不同。通告的事项只需知晓或遵守；通知的事项一般需要办理和执行。

（4）发文形式不同。通告只能向下行文，一般可以通过媒体公开发布，可以在公共场所张贴，也可以在内部行文。通知一般是向下行文，但有时也可以向不相隶属机关行文。

微课：通报中的点睛之笔　　　　微课：通报写作要点

任务 5 拟写商洽函

（一）函的概念

函适用于不相隶属机关之间商洽工作、询问和答复问题，请求批准和答复审批事项，是一种简便快捷、自由灵活的平行文。

（二）函的种类

1.按函的行文方向分类

（1）去函，也称发函。其行文者主动与有关单位商洽工作、询问问题或请求批准等，这种函的行文者是主动的。如《关于"××市大沙河防洪工程规划及设计任务书"初审意见的函》。

（2）复函，也称回函。其行文者用来答复来函所商洽的工作、询问的问题或批准有关单位的请求事项等，这种函的行文是被动的。如《国务院办公厅关于鼓励服务外包产业加快发展的复函》。

2.按函的内容、作用分类

（1）商洽函。用于机关、单位之间商洽工作、联系有关事宜，如洽谈业务、商调干部、联系培训、参观事宜等。商洽函应把要商量的问题写得具体、清楚。

（2）询问函。用于机关、单位之间询问有关问题。询问函要把询问事项写得明确，便于对方尽快答复。

（3）答复函。用于答复机关、单位来函询问、商洽的问题。答复函应针对来函询问、商洽的问题，予以针对性的、实事求是的答复。

（4）请准函。用于向不相隶属的主管部门请求批准事项的函。请准函要有充分的理由，要求批准的事项明确、具体、合理，用语诚恳、尊重，力求得到对方的同意。

3.按函的格式分类

（1）公函。在格式上，从标题、发文字号到成文时间等都严格按公文的格式制发，多用于商洽、答复、要求批准的较重要的事项。

（2）便函。这是机关处理一般事务用的简便函件，不属正式公文，使用范围比公函要广。在格式上，不加标题，不编发文字号，用机关信笺书写，落款署上机关名称，注明发函时间，加盖公章即可。

（三）函的特点

（1）沟通性。函用于不相隶属机关之间相互商洽工作、询问和答复问题，起着沟通作用，充分显示平行文种的功能，这是其他公文所不具备的特点。

（2）灵活性。表现在两个方面：一是行文关系灵活。函是平行文，只要是不相隶属的机关，都可以用函行文。二是格式灵活，除了国家高级机关的主要函必须按照公文的格式要求行文，其他一般的函，比较灵活自便，也可以按照公文的格式及行文要求办。可以有版头，也可以没有版头，可以不编发文字号，甚至可以不拟标题。

（3）单一性。函的主体内容应该具备单一性的特点，一份函只宜写一件事。

（4）答复性。对于主送机关来说，收到来函后，对来函询问的事项，必须有针对性地回复，表明态度和意愿。

（四）函的结构与写作要求

1.函的结构与写法

函的结构由标题、主送机关、正文、落款等部分组成。

（1）标题。函的标题一般由发文机关、事由与文种（函或复函）组成，例如，《国务院办公厅关于公开发布天气预报有关问题的函》。有时也可以省略发文机关。

（2）主送机关。函的主送机关一般只有一个。复函的主送机关即来函的机关。

（3）正文。其结构一般由开头、主体、结尾、结语等部分组成。

① 开头。主要说明发函的缘由。一般要求简要交代发函的目的、根据、原因等内容，然后用"现将有关问题说明如下："或"现将有关事项函复如下："等过渡语转入下文。复函的缘由部分，一般首先引述来文的标题、发文字号，然后再交代根据，以说明发文的缘由。

② 主体。这是函的核心内容部分，主要说明致函事项。函的事项部分内容

单一，一函一事，行文要直陈其事。无论是商洽工作，询问和答复问题，还是向有关主管部门请求批准事项等，都要用简洁得体的语言把需要告诉对方的问题、意见叙写清楚。如果属于复函，还要注意答复事项的针对性和明确性。

③ 结尾。一般用礼貌性语言向对方提出希望。或请对方协助解决某一问题，或请对方及时复函，或请对方提出意见，或请主管部门批准等。

④ 结语。通常应根据函询、函告、函或函复的事项，选择运用不同的结束语。如"特此函询""请即函复""特此函告""特此函复"等。有的函也可以不用结束语，如属便函，可以像普通信件一样，使用"此致""敬礼"。

（4）落款。一般包括署名、公章和成文时间等内容。

2. 函的写作要求

（1）简洁明确。函的写作，首先要注意行文简洁明确，用语把握分寸。无论是平行机关或者是不相隶属的行文，都要注意语气平和有礼，不要倚势压人或强人所难，也不必逢迎恭维、曲意客套。至于复函，则要注意行文的针对性和答复的明确性。

（2）时效性。函也有时效性的问题，特别是复函更应该迅速、及时。要像对待其他公文一样，及时处理函件，以保证公务等活动的正常进行。

（3）一函一事。函的写作要一事一文。要询问的、请求帮助的事项较多时，必须分开撰文。

范文简析

范文1

教育部关于同意将上海作为教育数字化转型试点区的复函

教科信函〔2021〕35 号

上海市人民政府：

《上海市人民政府关于申请将上海作为全国教育数字化转型试点区的函》（沪府函〔2021〕54 号）收悉。经研究，我部同意将上海作为教育数字化转型试点区。

请围绕建设高质量教育体系、加快推进教育现代化、建设教育强国发展目标，进一步完善实施方案，落实配套政策等相关支持保障条件，尽快启动并加快推进试点区建设工作。有关进展情况与成效请及时报送我部（科学技术与信息化司）。

此复。

教育部（公章）

2021 年 8 月 26 日

简析

　　本文写明了来函的发文字号及文件名称，有利于受文机关查阅执行。在复函中，对所涉及的工作提出了指导性意见。语言简洁、恰当，不失为一篇优秀的函文。

范文 2

中国科学院 ×× 研究所关于建立全面协作关系的函

×× 大学：

　　近年来，我所与你校双方在一些科学研究项目上互相支持，取得了一定的成绩，建立了良好的协作基础。为了巩固成果，建议我们双方今后能进一步在学术思想、科学研究、人员培训、仪器设备等方面建立全面的交流协作关系，特提出如下意见：

　　一、定期举行所、校之间学术讨论与学术交流。（略）

　　二、根据所、校各自的科研发展方向和特点，对双方共同感兴趣的课题进行协作。（略）

　　三、根据所、校各自人员配备情况，校方在可能的条件下对所方研究生、科研人员的培训予以帮助。（略）

　　四、双方科研教学所需要高、精、尖仪器设备，在可能的条件下，予对方提供利用。（略）

　　五、加强图书资料和情报的交流。

　　以上各项，如蒙同意，建议互派科研主管人员就有关内容进一步磋商，达成协议，以利工作。

　　特此函达，务希研究见复。

中国科学院 ×× 研究所（公章）

20×× 年 ×× 月 ×× 日

简析

本文是一篇商洽合作的函。文章用间接性的语言，叙述了来函的背景与目的。并就合作事项，提出了明确的意见和建议，有利于受文机关研究和参考，进而有针对性地进行复函。结尾处，用语得体，符合商洽函的语言要求。

模板

```
                        _____（标题）
_____（主送机关）
_____
_____（开头：介绍来函的背景、目的、依据）
_____
_____（主体：写明商洽、询问答复、请批等事项）
_____
_____（结尾：用礼貌性语言向对方提出希望）
_____（结语）

                        _____（署名、公章）
                        _____（日期）
```

病文诊断

病文

公 函

××大学校长办公室：

首先，我们以××省水利学校的名义，向贵校致以亲切的问候。我们以崇敬和迫切的心情，冒昧地请求贵校帮助我校解决当前面临的一个难题。

事情是这样的：最近，我们经与××水运学院磋商，决定派4位老师到该院进修学习。只因该院教师宿舍还未修盖完毕，教师的住房和学生的宿舍及教室均十分破旧拥挤。我校几位进修教师的住宿存在问题，并且几经协商，仍得不到解决。然而培养人才时不我待，我校几位教师出省进修学习的机会难得，且时间紧迫，任务繁重，要使他们有效地学习，住宿问题是亟待解决的。

为此，我们在进退维谷的情况下，情急生智，深晓贵校府高庭阔，物实人齐，且具有宽大为怀、救人之危的美德。于是，我们抱着一线希望，与贵校商洽，想咨询贵校能否为我校进修教师的住宿问题提供方便条件。但不知贵校是否有其他困难，如有另外的要求和条件，我校则尽力相助。若贵校对于住宿一事能够为我校提供帮助，我校进修教师在贵校住宿期间可为贵校教学事务做些义务工作，如辅导学生和批改作业等。我们将以校方的名义向贵校表示深深的恩谢。

以上区区小事，本不值得惊搅贵校，此番打扰，实为无奈，望谅解。并希望尽快得到贵校的答复。

　　此致
敬礼

××省水利学校（公章）

20××年××月××日

诊断

此函看似内容充实，实则有诸多错误。

（1）标题过于简单。

（2）结语不规范。

（3）请求近乎无理。发函单位为解决自己进修教师的住宿问题，竟要求与此事无关的第三方帮助解决困难，此要求近乎无理。

（4）语言不得体、不准确。一是没有公文语言的严谨性与简洁性，有些话近乎口语，如"事情是这样的""希望尽快得到贵校的答复"等。二是有些语言分寸失当，有谄媚之嫌，如"深晓贵校府高庭阔，物实人齐，且具有宽大为怀、救人之危的美德"。三是用词不当，如"宽大为怀""救人之危"，还有"我们将以校方的名义"等。

拓展

关于函的写作的几点说明

（1）要正确区分函与信函式公文。函与信函式公文是十分容易混淆的两个概念，必须认真加以区辨。函是法定行政公文种类之一，而信函式公文则是指以信函格式印制的公文。在实际工作中，对于一些普发性的公文如通知、通报、批复、函等，有时使用信函格式印发，即所谓信函式公文。因此，二者属于不同的范畴，不能混为一谈。

（2）要正确使用"请求批准函"。请求批准函是向有关主管部门请求批准的公文文种，在某种程度上与请示的功能近似，但要注意两者的差别，做到正确使用。向有关主管部门请求批准，是向不相隶属关系的单位申请批准。因为它们之间不存在任何隶属关系，因此，根据公文法规的规定应用"函"而不能使用"请示"。

（3）要注意用语的谦和得体。公函是代表机关向外联系工作、商洽事情、请求帮助的，无论发函方还是受函方都处在一种平等、协商、互助的境况之下，欲要对方理解、接受、支持，取得圆满的效果，必须注意用语要谦和，态度要诚恳，要使用诸如"敬请函复""敬祈见复""祈请函复为盼"等语句，避免使用"你们要……""你们不要……"等指令性用语，也不可使用"承蒙关照"等过于客套、寒暄的用语。

任务 6　拟写请假条

知识链接

（一）请假条的概念

请假条是因事、因病或者因公请求领导或相关负责人，准许不参加某项工作、学习、活动的文书。

（二）请假条的分类

根据请假的原因，请假条可以分为病假条和事假条。

（三）请假条的特点

请假条主要有三个特点：开门见山、内容简短、用词通俗易懂。

（四）请假条的结构和写作要求

1. 请假条的结构和写法

（1）标题。"请假条"三个字写在正文上方中间位置。

（2）称呼。称呼后面加冒号。此处往往是领导、老师、相关负责人等，所以要用尊称。

（3）正文。正文写请假理由。直接写请假的原因和起止时间。正文写完后要加祝颂语，表示对对方的友好。

（4）落款。写在正文右下方两三行处。如果是学生向老师请假，请在名字前面加上"学生"二字。日期写在署名下面，另起一行。

2. 请假条的写作要求

请假条最重要的内容是"请假原因和日期"，一定要写明确。

📦 范文简析

范文1

请假条

尊敬的赵老师：

　　我今天身体不适，头晕、呕吐，不能正常上课。特向您请假一上午（8:00—12:00）。恳请老师批准。

　　此致

敬礼！

请假人：×××

20××年××月××日

简析

　　标题、称呼语、正文、祝颂语、署名、日期结构完整，格式书写正确，请假理由和时间明确具体，措辞礼貌。

范文2

请假条

王科长：

　　因我要准备结婚，特向您请假七天（2021年9月1日—2021年9月7日）。为了不影响我们科室的正常工作，相关工作已与同事交接妥善。恳请领导批准。

　　此致

敬礼！

请假人：×××

2021年8月25日

简析

　　格式书写正确。正文部分请假事由表述清楚，请假时间明确。敬语使用贴切，措辞礼貌。

模板

＿＿＿＿＿＿＿＿＿＿（标题） ＿＿＿＿＿＿＿＿（称呼语） 　＿＿＿＿＿＿＿＿＿＿＿＿＿＿＿＿＿＿＿ ＿＿＿＿＿＿＿＿＿＿＿＿＿＿＿＿＿＿（表述清楚事由，写明请假时间，恳请领导批准） 　　此致 敬礼! 　　　　　　　　　　　　　　　　＿＿＿＿＿＿＿＿（署名） 　　　　　　　　　　　　　　　　＿＿＿＿＿＿＿（日期）

病文诊断

病文

请假条

尊敬的张经理：

　　因朋友远道而来，我需陪同他感受一下本地的风土人情，特向您请假两天。恳请领导批准。

请假人：×××

20××年××月××日

诊断

（1）请假的时间有点长并且未标明具体时间。

（2）请假的理由也不太充分。

（3）最好加上"此致""敬礼"这样的敬语。

拓展

英文请假条

英文请假条的写作要求：

（1）英文请假条的写法和汉语请假条类似，一般由四部分组成，即时间、称呼、正文和签名。

（2）请假条一般写在纸上，不用信封。其书写格式与书信有很多相似之处，是书信的简化。

假如你是王立，昨天你和同学们去农场帮助农民们摘苹果，不幸从梯子上摔下来伤了腿，但伤得不重。医生让你在家里好好休息。请你写一封请假条，向高老师请假两天。

Sept. 28，2022

Dear Miss Gao，

I'm sorry I can't go to school today. I helped the farmers pick apples with my classmates on the farm yesterday. Unluckily，I fell off the ladder and hurt my leg，but I wasn't badly hurt. The doctor asked me to stay in bed and have a good rest. So I ask for two day's leave.

Yours sincerely，

Wang Li

微课：条据写作要点

任务 7　拟写借条

知识链接

（一）借条的概念

借条是借到别人或单位钱物时给对方出具的凭证。

（二）借条的分类

借条一般有两类：写给个人的借条；写给某一单位的借条。

（三）借条的特点

（1）短小精悍，简洁明了。

（2）字据文面干净。

（3）数字书写规范。

（四）借条的结构和写作要求

1. 借条的结构和写法

（1）标题。标题写在正文上方中间位置，字体稍大，即写上"借条"字样。

（2）正文。正文从第二行空两格处开始写。正文用"今借到"开头，要写清楚"向谁借""借什么"。关于"借什么"，要写清钱物的数量，物品的种类、规格等情况。文中要写明归还日期。

（3）落款。落款要求写上借钱物的个人或单位的姓名名称，署明借到的具体日期。单位借的一般还要加盖公章，是某人经手的一般要在姓名前署上"经手人："的字样。个人借的就要写上"借款人：×××"。

2. 借条的写作要求

（1）单据上的款项金额、物品数量要大写，且前后不能有空格；款项金额要注明币种；金额后一般要加一个"整"字，且要写在同一行，以防涂改。

（2）写清归还日期，以免拖延。

（3）单据写完后以"此据"二字收束。

范文简析

范文1

借　条

今借到朋友 ××× 人民币壹万元整，2022 年 6 月 30 日前归还。

此据。

借款人：×××

20×× 年 ×× 月 ×× 日

简析

标题、正文、落款格式书写正确；借款人名字具体；借款钱数大写；归还日期明确。

范文2

借　条

今借到 ×× 师范学校女式蒙古族演出服拾套，用于本校文化艺术节，下周三归还。

此据。

×× 学校（公章）

经办人：×××

20×× 年 ×× 月 ×× 日

简析

格式书写正确；内容表述具体、准确；涉及物品数额大写；归还日期明确。

模板

> ＿＿＿＿＿＿＿＿（标题）
>
> ＿＿＿＿＿＿＿＿＿＿＿＿＿＿＿＿＿＿＿＿＿＿＿＿＿＿＿＿＿
>
> 今借到＿＿＿＿（写明借到何人或何单位的钱物，写明数量、规格，注明确切归还日期）
>
> 　　此据。
>
> 　　　　　　　　　　　　　　　　　　＿＿＿＿＿＿＿（署名、公章）
>
> 　　　　　　　　　　　　　　　　　　＿＿＿＿＿＿＿（日期）

病文诊断

病文

借　条

今借到学校办公室相机一台，供"教师风采大赛"活动使用，活动结束后归还。

×× 学校教务处

20×× 年 10 月

诊断

（1）应注明相机的型号。

（2）数额"一"应改为"壹"。

（3）正文的末尾最好加上"此据"二字，防止有人在文末添加其他内容。

（4）落款处要写明经办人。

（5）应注明具体的日期。

拓展

借条和欠条的区别

借条和欠条的性质不一样，它们形成的原因不同，借款主要是因借贷而产生的，欠款则可能是因买卖、租赁、利息等产生的。

任务 8　拟写收条

（一）收条的概念

收条是收到别人钱物时写给对方的一种凭据性的应用文。收条也称作收据，是一种日常应用文。

（二）收条的分类

收条一般有两类：写给个人的收条和写给某一单位的收条。

（三）收条的特点

收条主要有以下三个特点：语言简洁，短小精悍；数字书写规范；字据文面整洁。

（四）收条的结构和写作要求

1.收条的结构和写法

（1）标题。标题写在正文上方中间位置，字体稍大。即写上"收条"或"收据"字样。

（2）正文。正文从第二行空两格处开始写。正文一般要写明下列内容，即写明从何处收到钱物，钱物的数量，物品的种类、规格等情况。

（3）落款。落款要求写上收钱物的个人姓名或单位的名称，署明收到的具体日期，一般还要加盖公章。若是某人经手的，一般要在姓名前署"经手人："；若是代别人收的，则要在姓名前加上"代收人："字样。

2.收条的写作要求

（1）不能有涂改。

（2）数字要大写。

（3）写收条时务必写清所收财物的具体规格、数额，做到准确无误。

（4）正文和签名之间不要留空过多，防止被人篡改。

范文简析

范文1

收　条

今收到周晓送来的护理系第四季度财务报表贰份。

此据。

经手人：×××（签名盖章）

20××年××月××日

简析

标题、正文、落款格式书写正确。语言精练。所涉及的人员以及数字书写明确。

范文2

收　据

今收到×××小区7号楼1单元601业主×××2021年度全年物业费人民币壹仟柒佰贰拾捌元整。

此据。

收款人：×××（签名盖章）

20××年××月××日

简析

格式书写正确。内容表述详细、准确。涉及钱款数额一律大写，数额之前加上"人民币"三字加以限制，显得更准确。

模板

_____（标题）

_____

今收到_____（写明收到何人或何单位送来的钱物，写明数量、规格）

此据。

_____（署名、章）

_____（日期）

病文诊断

病文

收　条

今收到 2020 级专科护理二班两位同学送还的铁锹 5 把，完好无损。

此据。

2021 年 12 月
××学校总务处

诊断

（1）"两位同学"称呼模糊，应具体到姓名。

（2）数额"5"应用汉字书写，并且大写。

（3）落款部分日期和署名上下位置应互换，在两者中间还应签署经办人姓名，应写明具体日期。

拓展

收条一般适用的场合

（1）来借钱物或欠钱物一方将所欠、所借的钱物还回时，借出方当事人不在场，而只能由他人代收时可以写收条。如果当事人在场，则不必再写收条，将原来的欠条或借条退回或销毁即可。

（2）个人向单位或某一团体上缴一些有关费用或财物时，对方开据收条，以示证明。

（3）单位和单位之间各种钱物往来，均应开据收条。使用国家统一印制的正式票据的场合除外。

任务 9　拟写会议纪要

（一）会议纪要的概念

会议纪要是用于记载、传达会议情况和议定事项的公文。它不同于会议记录，对企事业单位、机关团体都适用。

（二）会议纪要的种类

会议纪要根据其性质可分为以下两类：

（1）工作会议纪要。这种会议纪要的主要内容是传达会议议定事项，重要的工作会议一般都要形成决议，以便会后贯彻执行会议精神。

（2）研讨会议纪要。这是对座谈会、经验交流会、学术讨论会等研讨问题的情况和结果的择要反映。它既要反映与会人员经过讨论统一了的认识，也要记录未能作出结论的、为与会者所关注的问题，以达到交流信息、启发思维的目的。

（三）会议纪要的特点

（1）纪实性。会议纪要必须是会议宗旨、基本精神和所议定事项的概要纪实，不能随意增减和更改内容，任何不真实的材料都不得写进会议纪要。

（2）概括性。会议纪要必须精其髓，概其要，以极为简洁精练的文字高度概括会议的内容和结论。既要反映与会者的一致意见，又要兼顾个别同志有价值的看法。有的会议纪要，还要有一定的分析说理。

（3）条理性。会议纪要要对会议精神和议定事项分类别、分层次予以归纳、概括，使之眉目清晰、条理清楚。

（四）会议纪要的结构和写作要求

1. 会议纪要的结构和写法

（1）标题。会议纪要的标题有两种格式：①会议名称加纪要，如《全国财贸工会工作会议纪要》《吉林省工商行政管理局长会议纪要》。②在标题里把会议的主要内容揭示出来，类似文件标题式的，如《关于加强纪检工作座谈会纪要》。

（2）期数。用"第"字加上阿拉伯数字，再加上"期"字标明期数，如"第2期"。

（3）发文机关及日期。会议纪要发文机关、发文日期置于期数下一行，发文机关居左、发文时间居右排列。发文时间以会议通过时间为准。这是会议纪要与其他行政公文的重要区别。

（4）开头。简要介绍会议概况，其中包括会议召开的形势和背景，会议的指导思想、目的和要求，会议的名称、时间、地点、与会人员、主持者，会议的主要议题或解决的问题，以及对会议的评价。

（5）正文。正文概括地反映会议的基本情况、会议讨论与决定的事项及会议提出的希望和发出的号召。正文由以下三个部分组成：

① 主体。主体是对会议的主要内容、主要精神、主要原则以及基本结论和今后任务等进行具体的综合和阐述。具体要求如下：

第一，要从会议的客观实际出发，从会议的具体内容出发，抓中心，抓要点，即抓会议主要内容，并对此进行条理化的处理。

第二，会议纪要是以整个会议的名义表述的。因此，必须概括会议的共同决定，反映会议的全貌。凡没有形成一致意见的问题，都需要分别论述并写明分歧之所在。

第三，为了叙述方便，眉目清楚，常用"会议认为""会议指出""会议强调""与会人员一致表示"等内容，作为段落的开头语，引出具体事项。

第四，若是属于介绍性文字，笔者可以灵活自由叙述；但若是属于引用性文字，则必须忠实于发言原意，不能篡改，也不可强加于人。

② 结尾。这部分要求写得简明扼要。可以提出希望、号召，或要求有关单位遵照执行，也可以将主要的、尚待解决的问题，写在这部分加以说明，以引起与会人员和有关领导部门的注意。写作结尾时，一般都引用会议主持人或在会上作总结发言的领导同志的讲话内容，且着重引用关于贯彻会议精神的要求、措施等。有的会议纪要可省略结尾部分，正文结束，则纪要结束。

③ 落款。一般而言，要在正文右下方署会议主办单位名称（一般用全称）或会议名称。如果标题中已署名，此处则不再署名，只需在下一行写年、月、日（以会议结束日期为准）；如果纪要的开头已经标明发文机关和发文时间，此处

的署名和日期可以省略。

2. 会议纪要写作要求

（1）要突出中心。会议纪要与会议记录不同。会议记录可以作为撰写会议纪要的基础材料，但绝不是照搬照抄。会议纪要必须从会议记录中，整理出中心、重点，这样方便凸显会议的重要精神。

（2）要条理化、理论化。会议中讨论或涉及多个事项，必须分条理地罗列出来。同时要用简洁性语言，从材料中提炼出理论性较强的决议和结论。

（3）要忠于会议的实际内容。撰写会议纪要时，可以对会议记录或过程材料进行必要的加工，但是必须要以会议实际情况为基础，不得随意缩小和扩大会议的内容。

（4）撰写会议纪要时，要充分地占有材料；并且要认真研究会议的精神，以便对材料正确取舍，合理删减。

范文简析

范文1

节约用水工作部际协调机制第一次全体会议纪要

2021年4月26日上午，节约用水工作部际协调机制（以下简称协调机制）召集人、水利部部长李国英主持召开协调机制第一次全体会议，深入学习习近平总书记关于节水工作的重要讲话指示批示精神，贯彻落实党中央、国务院关于节水工作的重大决策部署。协调机制副召集人、发展改革委副主任唐登杰出席会议并讲话，协调机制副召集人、水利部副部长魏山忠出席会议并对会议文件和相关材料进行了说明。发展改革委、工业和信息化部、住房城乡建设部、农业农村部等20个成员单位负责同志出席会议并作了交流发言。

会议指出，习近平总书记就节水工作先后作出了一系列重要讲话指示批示，明确提出"节水优先、空间均衡、系统治理、两手发力"的治水思路，强调节水工作意义重大，对历史、对民族功德无量，从观念、意识、措施等各方面都要把节水放在优先位置。党的十九届五中全会强调，实施国家节水行动，建立水资源刚性约束制度，提高水资源集约安全利用水平。国家"十四五"规划纲要进一步细化了节水的重点工作和具体任务，明确了"十四五"时期单位 GDP 用水量要下降 16% 左右。

会议强调，建立节约用水工作部际协调机制，是贯彻落实习近平总书记关于节水工作的重要讲话指示批示精神和党中央、国务院关于节水工作重要部署的具体举措，是坚持系统观念协同推动节水工作的现实需要。各成员单位要进一步加强协调配合，齐心协力、同向发力，切实发挥好协调机制作用。

会议指出，要落实国家节水行动方案。《国家节水行动方案》是党中央、国务院关于节水工作决策部署的集中体现，是统领和指导当前和今后一个时期全国节水工作的重要依据。方案在六大重点行动里，明确提出了一系列节点控制的具体要求。这些都是中央全面深化改革委员会确定的硬任务，我们要坚持目标导向，紧扣时间节点，倒排工作进度，逐项压茬推进，确保落实到位。

会议指出，要协同解决节水工作重大问题。节水工作涉及各行业、各领域、各方面，是重要的社会性工作、系统性工程，需要齐抓共管、群策群力。各成员单位要加强统筹衔接和协调配合，充分发挥各自职能和专业优势，协同研究制定相关配套措施；对于行业和地方节水工作中的问题，要发挥部门引领作用，加强对口指导和组织，推动节水各项工作有力有序有效实施。

会议指出，要保障部际协调机制顺畅运行。水利部要充分发挥牵头单位职责，密切同各成员单位的沟通联系，加大对重大问题的集中协调解决力度，推动协调机制凝聚更大合力、发挥更好作用。各成员单位要相互支持、多方联动、并肩作战，共同建好用好协调机制，抓细抓实议定事项。协调机制办公室要做好会议组织、任务落实、沟通反馈等日常工作，为各成员单位做好服务。

会议宣布了节约用水工作部际协调机制成员名单，对会议文件和相关材料进行了说明，审议了节约用水工作部际协调机制主要职责、工作规则和 2021 年工作要点，并交流发言。会议要求，协调机制办公室要认真梳理、充分吸收与会有关成员单位提出的意见建议，对 2021 年工作要点进行修改完善后印发实施。

水利部办公厅

2021 年 × 月 × 日

简析

　　此篇会议纪要对会议召开的背景、意义进行了详细的交代，对重要的工作内容进行了强调，理论色彩较强，对会议议定事项分条罗列，重点突出，条理清晰。

范文2

××××学校2022年第五次校长办公会会议纪要

　　2021年5月13日，校长×××主持召开了校长办公会，会议研究审议育贤阁标准化高考考场改造工作，经过充分讨论形成了一致意见，纪要如下：

　　会议研究审议并原则同意育贤阁高考标准化考场（共71间教室）改造项目总金额152万元追加立项，并提交党委会研究决定。

　　会议决定，成立育贤阁标准化高考考场改造工作小组，由副校长×××担任组长，成员为×××、×××、×××、×××、×××。

　　会议指出，为了落实省教育厅关于标准化高考考场建设"硬任务"，育贤阁高考标准化考场改造项目是须在较短时间内启动招标和建设的紧急情况，是迎接2021年6月高考标准化考点验收和使用特殊背景下作出的应急处置决定。

　　会议强调，要挂图作战，倒排工期，迅速按有关程序完成招标，尽快组织施工，并强化"一盘棋"意识，兼顾日常教学和周末考务需要，保证工程进度和质量，确保5月30日前完成改造。

　　出席人：略

　　缺席人：略（公差）

　　列席人：略

××学校校长办公室

2021年5月13日

简析

　　本会议纪要开头简要交代会议的基本情况，主体部分概括反映了会议研究决定的事项和会议的要求。中心突出，条理清晰。

模板

_____（标题）

_____（期数）

_____（发文机关）　　　　　　　　　　_____（发文时间）

_____

_____

_____（写明会议召开的背景、目的、时间、地点和与会人员等）

_____（分条罗列会议重要内容或形成的决议）

_____

_____（号召大家学习、执行会议决议）

病文诊断

病文：

××乡人民政府二月份安全生产工作专题会议纪要

20××年××月××日下午两点，××乡召开了落实全县工业企业复产复建工作会议精神暨二月份安全生产工作的专题会议，此次会议由分管领导××主持。

按照会议议程：

一是煤监站长××对当前在整改期间煤矿的整改提了相关的要求和对合法矿井的督促监管作了强调。

二是派出所长××对当前全乡的道路交通安全以及消防安全作了情况分析，专门就道路交通目前存在的问题及应采取的措施作了分析和安排。

三是××副乡长作总结：①传达了县会议精神。②煤矿复产复建：重申了市、县对煤矿安全的相关要求。③"打非"工作：对村干部及包村干部提出了严格要求。④消防安全工作：强调了消防安全工作的重要性、加强消防安全宣传教育的责任感和紧迫性，并对与会的单位和企业提了要求，作了安排。⑤对非煤矿山企业强调了"安全管理制度"必须全面落实和严格执行的重要性。⑥要认真领会并贯彻县会议的精神，做好我乡安全生产工作安排，确保安全生产零事故。⑦各方面安全工作的目标责任书不能流于形式。

最后强调：要求与会单位及与会人员要认真领会县、乡两级的会议精神，形成合力、齐抓共管，根据会议的相关要求将此次安全工作会议的各项议程抓好、抓落实。

出席人员：（略）

参会人员：（略）

记录：××

××乡安全生产委员会

20××年××月××日

诊断

此篇会议纪要，看似条理性较强，对会议的流程记录较为详细，但实则没有把握住会议中心内容，没有具体明确会议形成的决议、议定事项。会后，与会人员更无法按照此文件学习、领会、贯彻会议精神。这些都是撰写者对会议内容的随意缩减造成的。

拓展

会议纪要的基本写法

会议纪要因为会议性质、规模、议题等存在不同，写法也多种多样，大致有以下几种写法：

1. 集中概述法

这种写法是把会议的基本情况，讨论研究的主要问题，与会人员的认识、议定的有关事项（包括解决问题的措施、办法和要求等），用概括叙述的方法，进行整体的阐述和说明。这种写法多用于召开小型会议，而且讨论的问题比较集中单一，意见比较统一，容易贯彻操作，写的篇幅相对短小。如果会议的议题较多，可分条列述。

2. 分项叙述法

召开大中型会议或议题较多的会议，一般要采取分项叙述的办法，即把会议的主要内容分成几个大的问题，然后标号或标明小标题，分项来写。这种写法侧重于横向分析阐述，内容相对全面，问题也说得比较细，常常包括对目的、意义、现状的分析，以及目标、任务、政策措施等的阐述。这种纪要一般用于需要基层全面领会、深入贯彻会议精神的会议。

3. 发言提要法

这种写法是把会上具有典型性、代表性的发言加以整理，提炼出内容要点和精神实质，然后按照发言顺序或内容，分别加以阐述说明。这种写法能如实地反映与会人员的意见。某些根据上级机关布置，需要了解与会人员不同意见的会议纪要，可采用这种写法。

任务 10　拟写会议通知

（一）通知的概念

通知是用来发布、传达要求下级机关执行和有关单位周知或者执行的事项，批转、转发公文时使用的公文文种。它属于周知性公文，是下行文，也用作平行文，是使用频率最高的一种公文。

（二）通知的分类

从通知的内容和作用看，通知可分为以下几类：

（1）发布性通知。用于发布和印发规范性文件的通知，如《国务院关于印发中国制造 2025 的通知》。发布性通知的正文部分比较简短，一般只需写明发布决定和执行要求。

（2）批转性通知。主要用于上级机关对下级机关上报的文件批转给有关单位，如《国务院批转发展改革委等部门关于深化收入分配制度改革若干意见的通知》。批转性通知要对所批转的公文表明"批准"或"同意"的态度，并作出简要的评价与指示，要求受文单位贯彻执行；还可以针对所批转公文的内容，作进一步的阐明与论证，指明意义，提出执行要求与注意事项。

（3）转发性通知。主要用于转发上级机关、不相隶属机关的公文，如《国务院办公厅转发公安部交通运输部关于推进机动车驾驶人培训考试制度改革意见的通知》。转发性通知，要写明转发文件的名称，转发机关就如何贯彻转发文件问题，向受文机关提出指导性意见。

（4）指示性通知。主要用于传达上级机关的决定或指示，布置需要执行与办理的具体事项，如《教育部关于在全国各级各类学校禁烟有关事项的通知》。撰写时，要明确阐述制发通知的政策依据、法规依据与发文目的，并要具体交代工作任务与执行要求。

（5）知照性通知。主要用于通知有关单位需要周知或办理的事项，如《教育部关于成立 2013—2017 年教育部高等学校教学指导委员会的通知》。

（6）会议通知。主要用于上级机关或有关部门通知会议的召开。会议通知要写明会议主题，召开的根据与目的，会议的时间、地点、与会人员等。重要和大型会议通知，还应附上会议日程安排以及写明有关注意事项等。

（三）通知的特点

（1）适用范围广。通知适用性强，形式灵活，在日常生活和工作中广泛应用。

（2）使用频率高。通知是所有公文中使用频率最高的文种。

（3）针对性强。通知往往针对具体事情，内容必须具体、明确，表述要求简练、准确。

（四）通知的结构与写作要求

1. 通知的结构与写法

（1）标题。通知标题通常有以下三种拟定形式：

① 由发文机关、事由和文种组成，如《国务院关于印发实施〈中华人民共和国促进科技成果转化法〉若干规定的通知》。

② 由事由和文种组成。如《关于刘 ×× 等同志职务任免的通知》。

③ 一些内容单一的通知，只以"通知"二字为标题，或只写"会议通知""任免通知"。

（2）主送机关。可以是发文机关下属的所有单位，也可以是下属某一个、几个单位或有关的不相隶属机关。

（3）正文。通常由缘由、事项和结语三部分组成。

① 缘由。写明通知制发的根据、目的。一般开头用语为："根据……，现通知如下""为了……，现作如下通知"。

② 事项。这是通知的主要内容，为正文的主体。内容较多时，要注意表达要有条理，分条一一罗列。事项内容的表述要具体、周密，语言要清楚、简练。

③ 结语。通知结尾通常用"特此通知"作结，含有强调、敦促、号召等语气；有的则提出要求，如"以上通知，望贯彻执行"；有的通知没有专门的结束语，事项表述完毕，全文即告结束。结束语要简洁有力，不要拖泥带水。

（4）附件。对于批转性通知，可以以附件形式将所批转文件随通知一起发送。

（5）落款。包括署名、公章和日期。

2. 通知写作要求

（1）注重实用。通知是一种应用非常广泛的文种，所通知的事项是需要主送机关切实办理、或遵照执行的事项。因此其写作要注重实用性，不能无病呻吟。

（2）语言简洁，内容准确。通知的事项需要主送机关办理，因此语言表达不仅要简洁，其内容表述更要准确无误，无疑义。

（3）讲求时效。通知是事情发生之前拟定的。因此必须讲求时效性，事情发生后再拟定，则毫无意义。

范文简析

范文1

××学校关于举办"双高计划"建设知识竞赛的通知

校内各单位：

为着力推进学校"双高计划"建设，在全体教职员工中积极营造人人关注"双高计划"建设、个个重视"双高计划"建设的良好氛围，为助力学校圆梦"双轮驱动、争创本科"的新发展目标打下坚实基础，学校决定举办"双高计划"建设知识竞赛活动，现将有关事项通知如下：

一、比赛时间和地点

（一）比赛时间：2022年3月26日下午

（二）比赛地点：另行通知

二、参赛对象

学校全体在岗在职教职员工。

三、赛项设置

一等奖2名，每名奖金500元；二等奖5名，每名奖金300元；三等奖10名，每名奖金200元。参赛选手获奖情况纳入部门年度工会考核加分项。

四、赛项说明及参赛办法

（一）赛项说明

本赛项重点考察教职员工对国家职业教育重要政策文件及学校"双高计划"建设方案相关内容要求的学习及掌握情况。相关文件主要包括：（略）

（二）参赛办法

本赛项采取在"智慧黄职"平台上现场答题比赛的方式进行。题型为填空题、单选题、多选题。

五、其他相关要求

（一）各单位积极做好宣传，认真组织内部比赛，选拔优秀参赛选手，各教学单位参赛选手不少于5人，机关处室参赛选手不少于2人，参赛选手名单请于3月20日前报送到校工会。

（二）采取回避制，比赛组织单位有关人员不得参赛。

（三）大赛报名工作联系人：×××。

×××学校（公章）

2022年3月4日

简析

本通知首先说明举办比赛的原因和目的，主体部分分条列项地写出了比赛的相关事项。写清了通知制发的事由与目的，通知的事项一目了然。

范文2

国家知识产权局关于批准成立龙安柚国家地理标志产品保护示范区的通知

国知发保函字〔2021〕212号

四川省知识产权局、四川省广安市广安区人民政府：

根据国家知识产权局关于国家地理标志产品保护示范区的建设要求和《广安市广安区人民政府关于申报创建国家地理标志产品保护示范区的请示》（广安区府〔2013〕83号）《关于同意筹建龙安柚国家地理标志产品保护示范区（广安市广安区）的通知》（质检科函〔2015〕136号），国家知识产权局结合示范区承担单位自评和评审专家组实地检查情况进行综合评审，认为龙安柚国家地理标志产品保护示范区已完成示范区筹建相关工作任务，现批准成立龙安柚国家地理标志产品保护示范区。

　　请按照《国家地理标志产品保护示范区建设管理办法（试行）》（国知发保字〔2021〕4号），强化地理标志保护，深化地理标志管理改革，组织好示范区建设各相关单位及示范区内的行业协会和生产企业，建立示范区建设管理长效机制。结合龙安柚地理标志保护工作实际，建立健全地理标志保护制度政策，完善特色质量保证、技术标准和检验检测体系，充分发挥示范区在提升地理标志产品竞争力、支撑乡村振兴、传承传统文化、服务外贸外交等方面的示范辐射与带动引领作用，不断提升地理标志保护对区域经济和社会发展的贡献。

　　特此通知。

国家知识产权局（公章）

2021 年 12 月 17 日

简析

　　这是一篇内容翔实、结构布局合理的应用文。本文缘由部分首先用简短的语言写明了通知制发的依据和目的。正文部分做到了逻辑清晰、有条理，语言表达简洁、准确。且对如何建设好示范区也提出了指导性意见，有利于受文机关深入开展工作。

📦 模板

　　　　　　　　　　＿＿＿＿＿＿＿＿（标题）

＿＿＿＿＿＿＿＿＿（主送机关）

＿＿＿＿＿＿＿＿＿＿＿＿＿＿＿＿＿＿＿＿＿＿＿＿＿

＿＿＿＿＿＿＿＿＿＿＿＿＿＿＿＿＿＿＿（写清制发通知的背景、目的）

＿＿＿＿＿＿＿＿＿＿＿＿＿＿＿＿＿＿＿＿＿＿＿＿＿

＿＿＿＿＿＿＿＿＿＿＿＿＿＿＿＿＿＿＿（分层次、有条理地罗列通知事项）

＿＿＿＿＿＿＿＿＿＿＿＿＿＿＿＿＿＿＿＿＿＿＿＿＿

＿＿＿＿＿＿＿＿＿＿＿＿＿＿＿＿＿＿＿（再次强调希望、要求）

　　　　　　　　　　＿＿＿＿＿＿（署名、公章）

　　　　　　　　　　＿＿＿＿＿＿（日期）

病文诊断

病文

×× 公司关于转发总公司《×× 工作座谈会纪要》的通知

银发〔2021〕号

现将总公司的《×× 工作座谈会纪要》转发给你们，请立即组织研究，展开讨论，并根据《纪要》精神，认真贯彻执行。当前，首先要抓好第一季度的工作，以便为全年工作打下基础。

附件：《×× 工作座谈会纪要》

×× 公司（公章）

2021 年 7 月 24 日

诊断

从标题和内容看，本文属于转发性通知。一般来说，转发性通知的目的或为执行，或为参考。而贯彻执行、参考是建立在转发对象已经成熟的基础上的。上面这则通知一方面让转发对象研究讨论，另一方面又让转发对象贯彻执行。这就意味着转发对象尚不成熟，还没有达到执行的程度；而且，作者在这里显然犯了自相矛盾的错误，违背了形式逻辑中的不矛盾律，这是转发性通知中的一种常见问题；另外，本文主送机关缺失；"首先要抓好第一季度的工作，以便为全年工作打下基础"，此处画蛇添足，不甚妥当。

拓展

通知与批复的区别

（一）性质、用途不同

通知主要是部署工作，发布和传达要求下级机关办理、执行、周知的事项，而批复主要是答复下级机关单位的请示、询问等。

（二）行文关系不同

通知既可以作下行文，又可以作平行文，而批复只能作下行文。

（三）主被动不同

批复只针对下级机关单位的请示，是一种被动性文书，而通知多数是主动性公文。

（四）行文主体不同

通知有时也用于答复下级机关单位的询问、请示，但这种用法在文中主要还是表明自己在答复之后的主导性意见。行文的主体不仅仅是表明态度，更主要是提出要求。也就是说，批复主要是针对请示事项的表态，而通知是一种部署和要求。

"通知"测试

微课：通知写作要点

任务 11　拟写工作总结

（一）总结的概念

总结是对过去某一时期或某项工作的情况（包括成绩、经验和存在的问题）的总体回顾和评价。

（二）总结的分类

总结大体分为三类：全面总结、专题总结和个人总结。

（三）总结的特点

（1）客观性。总结是对过去工作的回顾和评价，因而要尊重客观事实，以事实为依据。

（2）典型性。总结出的经验教训是基本的、突出的、本质的、有规律性的东西，在日常学习、工作、生活中有现实意义，具有鼓舞、针砭等作用。

（3）指导性。通过工作总结，深知过去工作的成绩与失误及其原因，吸取经验教训，指导将来的工作，使今后少犯错误，取得更好的成绩。

（4）证明性。要用自身实践活动中的真实的、典型的材料来证明它所指出的各个判断的正确性。

（四）总结的结构和写作要求

1.总结的结构和写法

总结一般包括标题、正文、落款三部分。

（1）标题。标题有单标题，也有双标题。

① 单标题只有一个题目。标题由总结的单位名称、总结的时间、总结的内容或种类三部分组成。如：《××医院 2021 年度工作总结》《××学院 2021—

2022 学年第一学期社团活动工作总结》。

② 双标题分正标题和副标题。正标题往往是揭示主题——即所需总结提炼的东西，副标题往往指明总结的内容、单位、时间等。如：《辛勤拼搏结硕果——×× 中学 2019 年度工作总结》《增强体质，全面贯彻执行教育方针——开展多种形式的体育活动》。

（2）正文。在正文的开头先用简练的文字概括交代总结的核心内容，其目的在于让读者对总结的全貌有一个概括性的了解，为阅读、理解全篇打下基础。

正文的主体内容是做法和体会、成绩和缺点、经验和教训。成绩和经验是总结的目的，是正文的关键部分，一定要着力写好。存在的问题和教训一般放在成绩与经验之后，写的时候要中肯、恰当、实事求是。

结束语一般写今后努力的方向，要精练、简洁。

（3）落款。落款包括署名和日期。署名写在结尾的右下方，在署名下边写上总结的年、月、日。如要突出单位，可把单位名称写在标题下边。

2. 总结的写作要求

（1）写总结前要充分占有材料。

（2）一定要实事求是，成绩不夸大，缺点不缩小，不弄虚作假。

（3）条理要清楚。

（4）要剪裁得体，详略适宜。

范文简析

范文 1

×× 镇纪念建党 100 周年活动总结

为庆祝建党 100 周年，×× 镇党委在全镇各党支部和广大党员中深入开展迎"七一"系列活动，用实际行动纪念建党 100 周年，激励各级党组织和广大党员干部在经济社会发展中充分发挥战斗堡垒作用和先锋模范作用。现将我镇纪念建党 100 周年系列活动情况总结如下：

一、计划翔实，组织严密，确保活动得到全面落实

（1）加强领导。开展纪念建党 100 周年系列活动，是认真学习和实践党员先锋模范作用的有效载体，是提高广大党员对党的认识的有利时机。因此，为扎实

开展好此次纪念活动，镇党委特成立领导小组，制定下发了《庆祝中国共产党成立纪念活动实施方案》，围绕党建工作创新、社会稳定发展、党员先锋教育等方面拟定了多项献礼活动，有力地推动了我镇各项工作的健康发展。

（2）精心组织。结合我镇工作实际，创新活动形式，精心设置载体，制定各项活动的具体方案，合理安排时间，组织全镇基层党组织积极参与，及时总结活动开展情况。

（3）确保实效。与我镇的工作实际相结合，使纪念教育活动成为凝聚人心、增进团结、求真务实、推进工作的过程，以实际行动向建党100周年献礼。

二、内容丰富，形式多样，各项活动稳步推进

（1）开展慰问贫困户活动。以建立健全党内关爱机制为契机，"七一"前夕，由镇党委主要领导带队，采取镇党委与各党支部慰问相结合的方式，对全镇困难户和五保户进行了慰问，切实把党的温暖送到党员手中。活动中共计慰问贫困户和五保户39户，发放大米127袋，折合人民币1万余元。

（2）各支部开展特色主题活动。结合开展"创先争优""三创""三争一竞"等活动，全镇20个基层党组织在"七一"来临前夕，分别开展了具有本支部特色的主题纪念活动。其中包括老党员讲党课、党员座谈会、清扫公路两侧垃圾、新老党员重温入党誓词、联欢会等10余种庆祝活动，通过活动的开展，党员们进一步增强了组织观念，提高了服务意识。

（3）基层党组织书记抓党建工作专项述职活动。2021年6月28日，××镇基层党组织书记专项述职大会在政府会议室召开。参加大会的人员包括党委委员、基层党组织书记、机关各部门负责人、部分党员代表和群众代表共70余人。会上，镇党委书记首先做了党建工作述职，对我镇年初以来的党建工作进行了回顾和总结，并对自身工作的不足之处进行了剖析，全镇20个基层党组织书记也结合工作实际进行了较为全面的述职。镇党委副书记对各党支部书记的述职情况进行了点评，充分肯定了各村党建工作取得的成绩，并针对存在的问题提出了建设性的意见。各党支部书记都表示，要以此次述职大会为新起点，提高履职能力和服务水平，更好地推进新农村建设。

（4）举办建党百周年农民文艺汇演。6月29日，××镇党委、政府联合××社区举办了以歌颂社会主义新农村、展示党员新风采为主题，以农民参与为主体，内容健康、题材丰富、形式多样的农民文艺汇演。儿童独唱、器乐演

奏、舞蹈、三句半、大合唱等精彩节目轮番上演。观看演出的既有五六岁的儿童，也有六七十岁的老人，歌声、笑声此起彼伏。此次演出精彩纷呈，掌声不断，再一次展示了××镇人民的风采和文化生活水平的不断提升。

（5）开展"转作风、促发展、惠民生"党员联系群众活动。为充分贯彻落实十九大会议精神，喜迎中国共产党建党100周年，我镇在全镇基层党组织和镇直单位开展了"转作风、促发展、惠民生"党员联系群众活动。以7个山上边远村屯为活动核心，实行党员联系群众服务机制，为群众百姓代办业务或提供基本业务办理信息，制作党员联系卡450张，发放为民服务手册120本，服务群众413户。同时，山下村屯实施一站式服务，当有群众到任何单位或部门咨询时，不能拒绝群众，不能有态度不好的情况，要为群众进行全面详细的解答或亲自引导办理，确保群众尽可能一次性办完该项业务，从细微处、从小事上帮助群众、方便群众。活动开展以来，共帮助群众150户，解决难题170余个。在党员一帮一结对活动中慰问村民30多户，捐赠款物合计1万多元，解决农民土地机械化耕种、种子化肥采购等问题40余件。

在纪念建党100周年系列活动结束后，根据各基层党组织活动开展情况进行了深入总结。从多层面、多角度、全方位科学分析了活动取得的经验与不足。并将"转作风、促发展、惠民生"党员联系群众活动与"三创""三争一竞""创先争优""双联双促""五优五化"等活动紧密联系起来，建立常态化活动载体，确保短期行为经常化，使广大党员先锋模范作用和基层组织的战斗堡垒作用得到长效发挥，为镇域社会经济发展提供坚强组织保证，确保全镇环境和谐、社会稳定、经济发展。

中共××镇委员会（公章）

2021年11月28日

简析

标题、正文、尾部结构完整，开头有概述，结尾有归纳，语言简洁明了。正文部分用大量的事实和数据详细叙述了××镇在纪念建党100周年活动中取得的成绩，条理清晰，详略得当。

范文 2

2021 年度工作总结

转眼间，我在成长中又度过了一年，回首这一路上自己留下的那一串或深或浅的足迹，盘点过去，期待未来。

一、让读书成为习惯

本人读书只凭自己的兴趣，依乎性灵，择己所好，有所会意，有所感受。专业的书目只读了《教育新理念》和《给教师一生的建议》两本；杂书倒是看了不少，比如《问题背后的问题》《品三国》《读者》《思维智慧》等。习惯于每天浏览国内外新闻，及时了解最新的国内外时事动态；习惯于把笔记本放在电脑前，一年下来，积累了许多知识。我之所以读书，一言以蔽之，就是让读书陶冶性情、启蒙自我。

二、让工作成为快乐

将"让工作成为快乐，让追求成为乐趣"作为自己的座右铭。"天下难事，必做于易；天下大事，必做于细。"用心留意工作的每一处细节，以平和的心态，扎实地开展各项日常工作，认认真真做好本职工作。

（一）学籍工作，学习不辍。为了成为一名功底扎实、技术过硬的学籍管理人员，一年来，我在自学之余常向有经验的老师虚心请教，不断探索，不断创新。工作中注意细节，及时记录学生学籍转入、转出的变动情况，建全学生学籍大、小卡，认真做好各种报表工作等。

（二）常规工作，坚持不懈。我从教师的备课、上课、作业批改、周工作计划的开展等入手，及时记载，深入课堂，走进教室，全面做好常规检查，共听课 70 多节。

（三）教科研工作，实中求新。我在学期初认真制定教研计划，并组织实施、检查、总结。2021 年 3 月，组织数学"有效课堂教学"研讨会；2021 年 5 月，组织"提高课堂效率，促进学习方式的转变"教学研讨会；此外，积极组织教师参加各级各类教学研讨活动，并与之交流互动。

（四）《纸船》校报，细中求活。我认真做好《纸船》校报第四版的组织、采写、栏目策划、编辑、校对工作，一年来共完成了 9 期。下阶段将努力尝试新的风格、内容、特色，比如增加校报的亲和力，改善美工等。

三、让不足成为动力

生活不会亏待积极进取的人，在新的一年里我将勇敢直面自己的不足——业务技术不够精湛，开拓创新意识有些淡薄，工作缺乏主动性，对数字敏感度偏低等。针对工作中存在的不足，我将努力做好以下几个方面：

（一）提高。勤练"内功"和提高专业知识、技能，扩大个人的信息来源和提升沟通技能，以便更好地服务于学校的各项工作。

（二）蜕变。对于一个人来说，改变自己有时是艰难的，但是我将按照新的工作路径去改变一些态度、方式或思路。多学习、多实践，提高自己的管理水平，增加管理主动性，在行动中时刻提醒自己在做什么，问问自己做得对不对，做得是否到位，怎么样才能做得更好，努力做一个有长远规划的人。

（三）发扬。继续发扬"团结奋斗，勇于争先，敢于创新，乐于奉献"的精神，以友善之心面对每一件小事，对待每一个同事，以"力求精致的态度"作为自己的目标，尽自己最大的努力在"真诚、善意、精致、完美"这八个字中找到人生价值。

总结人：×××

2021 年 12 月 30 日

简析

格式书写正确。正文部分着墨较多，叙述清晰、条理。语言具有个性化特色，没有套话、废话，可读性较强。

模板

＿＿＿＿＿＿＿＿（标题）

＿＿（概述基本情况）

＿＿＿＿＿＿＿＿＿＿＿＿＿＿＿＿＿＿＿＿＿＿＿＿＿＿＿＿＿＿＿＿＿＿＿＿＿＿＿（分述取得的成绩和存在的问题或者做法和体会）

＿＿＿＿＿＿＿＿＿＿＿＿＿＿＿＿＿＿＿＿＿＿＿＿＿＿＿＿＿＿＿＿＿＿＿＿＿＿＿（今后努力的方向）

＿＿＿＿＿＿（署名）

＿＿＿＿＿＿（日期）

病文诊断

病文

大学生社团生活年度总结

时光荏苒，大一生活已接近尾声，回头展望，从学期刚开始的社团招聘大会到本学期社团活动的结束，所有的收获与失去都将永远珍藏在我的脑海中，它们将成为我大学生活里一笔宝贵的财富。

回眸 2021 年，我们部门在自身内部发展和对外发展方面都取得了一定的成绩。为了使我们社团在日后的发展中取得更大的成就，更好地克服和改进工作中的缺点和不足，在此，我们对本年度我们部门的工作作了一个全面的梳理和总结。我们部门本年度成功举办了以下活动：

1. 学院年度新旧班干部交流会
2. 女生节"许愿树活动"
3. 温馨小屋志愿驿站志愿服务
4. 义教老师培训
5. 盲人学校义教活动
6. 老人院慰问活动

一年即将过去，回首过往，我发现社团活动不乏辛苦与快乐。在为本年度活动的举办全部圆满成功而喜悦之际，我不觉反思本年度社团活动的不足。作为大一新生，我们曾经不乏幼稚，曾经经验不足，曾经推卸责任……不过，所有的一切都已然过去，我们也从过去的一切中收获甚丰。

回首过去，展望未来。在这一年即将过去的时刻，让我们带着对社团活动深刻而快乐的记忆，祝福我们的社团越办越好！也祝福青年志愿者这一事业走得更远！

总结人：×××

2021 年 12 月 30 日

诊断

（1）总结的标题可以更准确些，因为社团是"青年志愿者"。

（2）正文部分内容有些单薄，开展的系列活动应展开叙述。

拓展

误区：总结一定要低调

我们从小接受的教育就是：做人一定要谦虚，不要过于表现自己。列夫·托尔斯泰曾经说过，与其说得过分，不如说得不全，切忌浮夸铺张。

于是，"低调"的总结中总是有"在领导的英明决策下"这类"套话"，难免让人觉得言之无物。因此，总结中要增加实质内容，而非过多的官话、套话。还有一种情况是把自己的失误总结得过于细致。这种"放大缺点"的做法，会让领导怀疑你的能力。

因此，一份充满智慧与自信的总结，一定会让你的领导对你刮目相看。适度地表现自己的"作为"，是具有积极意义的。

"总结"测试

微课：怎样写总结

任务 12　拟写新闻

（一）新闻的概念

新闻是对新近发生事实的报道。

（二）新闻的分类

新闻分类没有统一和硬性的标准，一般传统媒体对新闻类别作如下划分：

（1）时政新闻。党、政府、人大、政协及各区县或各街乡的政务活动方面的新闻。

（2）科教文卫新闻。科技、教育、文化、卫生方面的新闻。

（3）城建公交新闻。市政建设、房地产开发、公共交通、供水供电方面的新闻。

（4）经济新闻。商业、金融、证券、期货、保险等方面的新闻。

（5）政法新闻。公安（含消防和交管）、检察院、法院、司法局方面的新闻。

（6）社会新闻。也称民生新闻，一般由新闻热线中的读者、听众、观众等提供新闻线索。

（7）娱乐新闻。影、视、音乐等方面的新闻，有些内容与科教文卫新闻有交叉。

（8）体育新闻。体育方面的新闻，部分内容与科教文卫新闻有交叉。

（9）军事新闻。部队、武警、地方武装部等方面的新闻，有些内容与国际新闻有交叉。

（10）国际新闻。国际军事、政治、科技、经济等新闻。

（三）新闻的特点

（1）迅速及时。

（2）有意义、有价值。

（3）真实、可靠、有效。

（4）简明扼要。

（四）新闻的结构和写作要求

1. 新闻的结构和写法

在结构上，新闻一般包括标题、导语、主体、背景和结语五部分。前三者是主要部分，后二者是辅助部分。

（1）标题。标题一般包括引标题、正标题和副标题。

（2）导语。导语是新闻开头的第一段或第一句话，它扼要地揭示新闻的核心内容。

（3）主体。主体是新闻的躯干，它用充足的事实表现主题，是对导语内容的进一步扩展和阐释。

（4）背景和结语。背景指的是新闻发生的社会环境和自然环境。背景和结语有时可以暗含在主体中。

2. 新闻的写作要求

（1）真——真实。真实是新闻价值的基石。

（2）新——新鲜。新鲜是新闻的生命。

（3）深——深度。深度是时代的要求。

（4）导——导向。导向是媒体的责任。

（5）实——事实。用事实说话，客观报道。

（6）短——短小。简短、精悍。

（7）活——活泼。生动、活泼。

（8）近——贴近。贴近受众。

范文简析

范文1

谷爱凌夺冠，中外高度关注

穿着自己设计的印有金色中国龙图案的雪服和雪板，18岁的谷爱凌于2022年2月8日完成了北京冬奥会自由式滑雪女子大跳台决赛的精彩表演，以三跳188.25的高分获得自己的第一块冬奥会金牌。同时，这也是该项目冬奥会历史首金、本届冬奥会中国体育代表团雪上项目首金，意义非凡。"这是我人生中最高兴的一天！"谷爱凌说。

挑战从未尝试过的动作。当谷爱凌站上决赛最后一跳的出发点时，全场观众都屏住呼吸，为她加油。两轮比赛过后，她落后排名第一的法国名将泰丝·勒德5.25分，暂列第三。所有人都在猜测谷爱凌会使出什么动作做最后一搏。观察风向、加速起跳、翻转腾挪，谷爱凌选择了挑战自己从未尝试过的两周偏轴转体1620度动作，这也是目前女子大跳台比赛中的最高难度动作。平稳落地后，这个爱笑的女孩喜极而泣，高举双手在头顶比了一个大爱心，现场爆发出巨大的欢呼声。北京冬奥会上，谷爱凌身兼三项。大跳台比赛结束后，她将转场到崇礼赛区备战接下来的自由式滑雪U型场地和坡面障碍技巧项目。

谷爱凌斩获北京冬奥会女子大跳台金牌后，一直关注她的美国媒体第一时间做出报道。美国媒体报道称："出生于美国加利福尼亚州的谷爱凌，作为中国运动员出现在北京冬奥会上，在第一个大跳台项目上就以188.25的惊人成绩，击败了法国选手泰丝·勒德夺得了该项目的冠军。在旧金山长大的她，如今是代表她母亲的祖国中国参赛。作为北京冬奥会舞台上的明星，谷爱凌在中美两国都拥有不少粉丝。"

ESPN体育网从专业角度评论谷爱凌的表现："凭借第三跳的转体1620度，谷爱凌首次成为奥运会大跳台冠军。事实上，这个动作全世界只有两名女性——谷爱凌和法国的泰丝·勒德完成过，谷爱凌此前从未在正式比赛中完成过。凭借谷爱凌的这枚金牌，中国在本届冬奥会的金牌总数已上升到3枚，是平昌冬奥会的3倍。"

美国有线电视新闻网评论称："随着谷爱凌在北京冬奥会的宣传照和视频中出现，她在中国的人气也飙升。但谷爱凌显然已经能够从容面对这些压力，以成熟的心态来看待那些超过她年龄的期望。"

"体育一定是用来团结人类的"。自由式滑雪大跳台是北京冬奥会新增项目之一，特地赶到现场观赛的国际奥委会主席巴赫也被年轻选手的精神面貌打动。"这是一场惊险刺激、令人难以置信的比赛，谷爱凌的表现非常出色，我感受到了每一位参赛选手的激情。"比赛结束后，这个18岁女孩同样给人留下深刻印象。面对中外记者提问，她中英文自如切换，落落大方。"我参加比赛不只是为了击败别人，更要挑战自己。"谷爱凌说，"我希望通过自己的行动，激励更多人接触冰雪运动，尤其是年轻人"。"体育一定是用来团结人类的，而不是分化我们的。"

（资料来源：光明网，有改动）

简析

本案例是2022年北京冬奥会的一篇专题报道，标题醒目，内容丰富。标题、导语、主体、结语要素齐全。内容新鲜，思想深刻，导向明确，具有很高的新闻价值。

范文2

北京高校思政课教师线上集体备课

5月27日，北京高校思政课教师"同备一堂课"活动线上举办。活动旨在指导高校思政课教师讲好校园疫情防控"大思政课"，深度解答学生关于校园疫情防控的思想困惑，引导学生理解支持防控政策，自觉落实好个人防控责任，推动形成守望相助、相互关心的良好校园氛围，充分发挥思政课沟通心灵、启智润心、激扬斗志的关键作用。四位思政课教师应邀作备课分享。全市高校思政课专兼职教师线上参与备课，视频浏览量达8 300人次。

备课会上，四位老师围绕如何理解坚持"动态清零"总方针、恪守校园防疫行为规范、适应疫情之下校园生活、坚定战疫必胜信心等问题，作了精彩阐释和示范教学。北京师范大学王树荫教授生动阐述了"动态清零"总方针的科学内涵和精髓要义，对一些认识误区作了鞭辟入里的分析，教育引导学生深刻认识"动态清零"总方针的科学性和必要性。北京理工大学李林英教授从个人与社会、局部与整体等视角，教育引导学生深刻认识"小我"与"大我"的关系，教育学生理性认识、积极践行校园疫情防控行为规范，增强大局意识与担当精神。北京航空航天大学思政课教师张静聚焦校园疫情防控下学生重点关切，从寝室关系维护、心理自护、云上学习等角度给出了具体建议，让思政课更解渴、更入心。北京工商大学张彦琛老师聚焦焦虑情绪源，引导激励青年学子。

备课会在思政课教师中引发反响。中国矿业大学马克思主义学院副院长盖逸馨表示，我们要主动向前一步，积极作为，以今天的备课会为契机，更好地推动当前疫情防控的形势政策有机融入思政课教学。中国人民大学思政课教师侯耀文结合参与社区疫情防控的亲身经历谈到，思政课教师不仅要在课堂上做好"经师"，更要在课堂外做好"人师"，自觉成为校园疫情防控中的一面旗帜，引领带动学生增强支持校园疫情防控阻击战的思想自觉和行动自觉。北京化工大学思政课教师毕文锐认为，思政课要把道理讲深、讲透、讲活，就必须强化问题意识，直面学生困惑关切，学生在哪里，思政课就要上到哪里。

市委教育工委要求，思政课教师要增强使命感责任感，切实发挥思政课在高校疫情防控中的"宣传队"和学生思想"稳定器"作用。要关注问题，聚焦学生对于当前疫情防控工作的思想困惑和关切，做到"对症开方""照方抓药"，让思政课教学更精准、更治本。要深入研究，吃准吃透疫情防控整体形势和最新政策，多学科、多视角研究阐释，找准授课的切入点、结合点。要讲新讲活，注重厘清防控政策背后的学理逻辑，将解决学生思想问题和解决毕业、就业、返乡等实际问题相结合，切实提升教学实效。要强化担当，广大思政课教师要增强大局意识，主动将疫情防控形势政策融入课程教学，做到思政课教学与疫情防控、学生的关切诉求同频共振，发挥好思政工作主渠道作用，引领广大学子心怀"国之大者"，坚定抗疫必胜信念。

（资料来源：新华网，有改动）

简析

本条新闻要素齐全，详略得当，布局合理，体现了新闻的特点。

模板

_____（标题）

_____（导语，概述报道的主要事件）

_____

_____

_____（详细叙述报道的事件）

_____（结语）

病文诊断

病文

我校迎来 20×× 级新生报到

9 月 6 日至 7 日，是我校 20×× 级新生报到的时间。

初秋的校园，秋高气爽，风和日丽，湛蓝的天空在朵朵白云的映衬下显得格外高远澄澈。看校园内外，彩旗飘扬，喷泉飞溅，人流如织，歌声响亮，处处呈现出一派喜气洋洋的气氛。

在学校领导的高度重视及各部门的周密部署下，我校 20×× 年迎接新生各项准备工作提前启动和到位。9 月 6 日早上 6 点，全部迎新人员均已到位。在新生咨询、注册、报名、收费、饭卡发放、公寓用品领取、绿色通道、维修站、车辆引导等各环节均有工作人员引导，工作人员在求知广场周边及校园内有秩序地展开工作。迎新志愿者们更是用真诚贴心的服务为远道而来的新生及家长褪去了旅途的疲惫。整个迎新现场布置合理，工作有序，细致温馨，让新同学一入校就体会到了归属感。

这样看来，迎新是一种情结，迎新是一种文化，迎新是一种互帮互助的精神，迎新是一种无私奉献的情谊。这种精神就飘荡在校园里，通过一届又一届优秀的 ×× 学院人不断传承，在你我身边发扬光大。

诊断

新闻中应减少不必要的抒情性文字，此文中有两处：第二段和最后一段。这两段都可以去掉。

拓展

新闻稿中领导的排序问题

会议一般都有领导参加，而且领导是参加会议的重要人物，因此在新闻稿中对出席的领导进行简要的介绍是必不可少的。介绍出席的领导时，要特别注意写清楚领导的职位，而且职位要在姓名之前，如"我校副校长 ×××"是常规用法，而不是"我校 ×××副校长"。如果有多个领导出席的话，新闻中还存在介绍领导的先后问题，奉行的原则是"来宾位于最前，按综合级别、资历来排序"。例如，同样是副校长，由于各位副校长的资历不同，有的副校长职称较高，有的副校长任期较长，有的副校长比较年长，等等。这些都是排序时需要注意的问题。

就业篇

情景导入

肖雅是××职业技术学院大三的一名学生。她从新闻媒体了解到今年就业形势依然十分严峻，于是决定提前做好求职的准备工作。通过向学长学姐请教，肖雅才知道求职之前要准备好相关的文字材料，要想顺利毕业还要完成学校规定的毕业设计（毕业论文）。于是肖雅决定在离校前做好三件事情：拟写个人简历、拟写求职信和撰写毕业论文。

任务清单

任务1　拟写个人简历

任务2　拟写求职信

任务3　撰写毕业论文

任务 1　拟写个人简历

知识链接

（一）个人简历的概念

个人简历是应聘者向用人单位介绍个人的资格、职务、经历的一种专门文书。

（二）个人简历的分类

1. 简表式

简表式个人简历是用一份简明扼要的履历表的形式呈现的简历。表的内容一般包括基本信息、教育经历、工作经历、所拥有的专业知识与能力、兴趣与爱好、求职意向等。

2. 完备式

完备式个人简历的内容一般包括封面封底、目录、求职信、个人简历、证明材料。

（三）个人简历的特点

（1）真实性。填写个人简历的内容时，即便自身缺少竞争优势，求职者同样需要填写最为真实的内容。以自己的诚信态度赢得企业的认可，远远比虚假的个人信息获得企业认可更加可靠。

（2）正面性。在写个人简历的时候，要以正面的信息为主，每一个人都具有一定的优点，自然也有一定的缺点。个人的缺点也算是负面的信息，写个人简历的主要目的是将自己推销出去，不能出现虚假的信息，一些非正面的信息则可以适当地省略。

（3）精练性。个人简历本身就要求一个"简"字，在个人简历中要多使用一些关键词，即便其中一些栏目的信息有很多，从整体上来看也需从简。

（四）个人简历的结构与写作要求

1.个人简历的结构和写法

在日常生活中，简表式的个人简历较为常用，因此这里仅介绍简表式的写法。一般包括以下几个部分：

（1）个人身份的基本信息，包括姓名、性别、年龄、民族、婚姻状况、健康状况、政治面貌、联系方式。

（2）教育背景，包括所受的最高学历教育的信息、培训与训练信息。

（3）工作实践经历，包括实习实训兼职等信息。

（4）所拥有的专业知识与能力。

（5）个人兴趣与爱好。

（6）求职意向。

2.个人简历的写作要求

（1）整洁。个人简历一般应打印，保证个人简历的整洁性。

（2）简明。个人简历一般应在1 200字以内，能让招聘者在几分钟内看完，并留下深刻印象。

（3）准确。要求个人简历中的名词和术语正确而恰当，没有错别字和打印错误。

（4）通俗。语言通俗晓畅，没有生僻的字词。

（5）诚实。要求内容实事求是，不卑不亢，表达自然。

📦 范文简析

范文1

个人简历

个人基本情况：

姓名：×× ×	性别：男	民族：汉族	籍贯：安徽合肥
出生年月：1998年6月		身高：172厘米	学历：大专
联系电话：×× ×× ×× ×× ×× ×		电子邮箱：×× ××@163.com	
毕业学校：×× 职业技术学院		毕业时间：2021年6月	

所学专业：汽车电子技术

求职意向：

汽车组装，汽车维修，汽车美容，汽车营销，汽车售后，以及相关汽车行业工作。

主修课程：

理论：机械基础、电工电子、模拟电路分析与实践、电机与电器控制、传感器、汽车构造与原理、汽车电器与电子控制技术、汽车空调、汽车发动机电控、机械制图、底盘维修、汽车检测诊断技术、汽车发动机原理、自动变速器维修。

实训：计算机应用实训、钳工实习、金工实训、焊工实训、万用表使用实训、电机拆装实训、维修电工考工实训、发动机拆装实训、底盘拆装实训、汽车维修高级工考级实训、整车实训。

所获证书：

高级技工证、汽车电工证、建筑电工证、国家英语四级证书、国家计算机一级证书、优秀青年志愿者、优秀共青团员。

个人技能：

发动机拆装、简单的汽车电路识图、使用汽车诊断仪读取故障码、汽车打蜡。

社会实践：

2020 年 7 月至 9 月在 ××× 修理厂实习，对修车修理有了初步的认识。并利用周末和假期的时间兼职，有一定的工作能力。

兴趣爱好：

喜欢钻研，手工制作。尤其对汽车美容、内饰较感兴趣。

自我评价：

热衷汽车维修事业，对自己感兴趣的东西很执着。与人交际以和为贵，接受新事物的能力比较强。相信经验是积累出来的，技术是在不断地实践中磨炼出来的。

简析

整个简历平直客观，具有真实可靠性。重点突出自己在专业知识和技能方面的优势，用以打动招聘者。

范文2

个人简历

个人基本情况：

姓名：×××　　　　性别：女　　　　籍贯：×××

年龄：24　　　　身高：168厘米　　政治面貌：中共党员

最高学历：本科　　所学专业：人力资源管理

毕业院校：××大学　毕业时间：2022年7月

求职意向：人事助理、行政相关工作

联系方式：联系电话：××××××××××　电子邮箱：×××@163.com

紧急联系人：×××　　紧急联系电话：××××××××××

教育背景：

2018年9月—2022年7月就读于××大学人力资源管理专业。

主修课程：

管理学、微观经济学、宏观经济学、管理信息系统、统计学、人力资源管理、劳动经济学、绩效管理、薪酬与福利、培训与开发、招聘与配置、人力资源规划、劳动法、人力资源管理软件、专业英语等。

社会实践经历：

2019年暑期在×××公司从事文员工作。

2020年暑期在×××公司从事行政助理工作。

2021年暑期在×××公司从事前台接待工作。

2019年下半年在×××医院人事处进行为期两个月的实习。

获奖及证书情况：

国家计算机二级证书、人力资源管理证书、普通话一级甲等证书、注册会计师证书、2020—2021年度国家一等奖学金。

技能总结：

（1）英语水平较高。通过国家英语四级考试，能熟练地进行听、说、读、写。

（2）计算机水平较高。通过国家计算机等级二级考试，能熟练运用办公软件，熟悉人力资源软件。

（3）动手能力和学习能力较好。

自我评价：

对待工作认真负责，善于沟通协调，有较强的组织能力与团队精神；上进心强、勤于学习，能不断提高自身的能力与综合素质。在未来的工作中，我将以充沛的精力，刻苦钻研的精神来努力工作，稳步提高自己的工作能力，与企业同步发展。

简析

这份求职简历层次清晰，要素齐全，内容简明，关键词突出。

模板

姓　　名		性　　别		年　　龄		照片
政治面貌		籍　　贯		民　　族		
手　　机		邮　　箱				
求职意向						
教育经历						
主修课程						
实践经历						
获奖情况						
自我评价						

病文诊断

病文 1

某大学中文系毕业生在个人简历的求职意向中这样写：

大中专院校、中等学校的教学教研工作

党政机关、企事业单位的文职及行政工作

电视台、报社、电台等新闻部门的采访、编辑及管理等工作

诊断

求职意向要有针对性。该简历中求职意向不明确。

病文 2

一公司招聘一位管理人员，但该应聘者的简历这样写：

工作经历：

××××年参加××市第三届模特大赛

××××年担任××市城市小姐

××××年参加市××演出

爱好：表演

诊断

该简历没有针对岗位要求写作相关的实习实践经验。

拓展

简历中存在的几种典型错误

一、格式化

许多招聘企业每天都会收到很多份来自四面八方的简历，招聘官每天阅读的都是大同小异的格式化简历。这些毫无个性和鲜明特征的求职简历基本上来自下面几个渠道：①学校就业指导部门提供的简历模本。②打字复印店挂在墙上供大学生们选择的样本。③网上下载的格式文本和封面图样。④求职指导书登载的简历样本。

二、一份简历打天下

许多求职者都是制作一份简历后，复印几十份，随时做好把复印的简历递给每一位招聘官的准备。这种求职者占了求职者群体的绝大部分。

三、舍不得投入时间精力制作简历

有的求职者舍不得在简历制作上投入，存在的认识误区有：认为"打铁还靠自身硬"，实力才是关键；简历不过是对自己的一个简单介绍而已，没有必要搞得花里胡哨的；认为花时间、花精力做一份简历是不值得的。现如今，"好酒不怕巷子深"的观念早已破除，但在简历制作中，这种观念仍为主流。

四、见单位就投——广种薄收

基于上述低成本制作的原因，随意写作的一份的简历被求职者传送给每一个他感到有点希望的招聘单位，或者抱着广种薄收的心态，四处撒网，见人就送。这种情况在各地举行的招聘会上经常见到，有的同学甚至是隔着许多人就把简历从夹缝中递给招聘官，这种盲目撒网的做法往往收效甚微。

五、自吹自擂

同求职面试中的自我介绍一样，有些同学在简历中也容易犯自我吹嘘、自我标榜的错误。这样的简历见得多了，招聘官们也变成了具有怀疑倾向的"无情杀手"，他们甚至本能地怀疑和否定简历上一切求职者自我肯定的内容。

"简历"微课

任务 2 拟写求职信

（一）求职信的概念

求职信是一种用来自我推销以谋取某个职位的专用书信。随着市场经济的发展，就业竞争日趋激烈。人才同商品一样需要推销，否则难以得到社会的承认。因此写求职信是敲开职业大门前重要的准备工作。

（二）求职信的分类

（1）根据投递方式的不同，求职信分为泛发性求职信和专递性求职信。

（2）根据诉求目标明确与否，求职信分为自荐信和应聘信。

（三）求职信的特点

（1）主体行为的自荐性。写求职信的目的是要得到用人单位的认可从而谋取工作岗位，因此求职信的核心就是要进行自我推荐，介绍自己的优势和成绩，特长和爱好等。

（2）内容上的针对性。求职信要针对求职目标，针对用人单位的性质、特点和需求，突出自己某方面的特点和潜力，不说与求职无关的话。

（3）求职者之间的竞争性。随着就业形势的严峻，就业压力的增大，就业竞争相当激烈。求职信的优劣对求职能否成功起着至关重要的作用。求职信要力求具有个性，展示自己与众不同之处。

（四）求职信的结构和写作要求

1.求职信的结构和写法

（1）标题。居中书写"自荐信"或"应聘信"。

（2）称谓。根据收信人的身份、地位，选择恰当的称谓。一般可以称"××

厂长""××经理""××先生""××小姐"等。

（3）开头。这部分主要包括问候语和写信的目的。应聘信的开头要交代招聘信息的来源。

（4）主体。首先简明地介绍自己的年龄、文化程度、毕业学校和所学专业；然后重点介绍自己的成绩和优势，特长和爱好；最后表明有胜任该项工作的自信。

（5）结尾。可提醒用人单位自己希望得到他们的回复或能有面试的机会，并写上表示祝愿或敬意的话。

（6）落款。包括署名和日期。

（7）附件。写在信的左下角，并附上联系邮箱、电话。

2. 求职信的写作要求

（1）简明扼要，避免冗长。用人单位不可能有太多的时间阅读求职信，要能够引起他们的注意和好感，就必须在求职信中抓住重点，要言不烦，尽可能用有限的文字充分展示自己的才干和专长。

（2）真实可靠，避免虚夸。求职者应根据自身的情况实事求是，不能弄虚作假，夸大其词，否则会弄巧成拙。

（3）掌握分寸，避免过谦。求职信要充分展示自己的才智，要不卑不亢，大方得体。不能给人以高傲自大的印象，也要避免过分谦恭谨慎，给人以信心不足的印象。

（4）整洁美观，避免书写错误。要想通过求职信给人留下好的印象，必须使求职信看上去干净整洁。书面美观大方，能让人感到赏心悦目。

范文简析

范文 1

自荐信

尊敬的园领导：

您好！

非常感谢您在百忙之中抽出宝贵的时间审阅我的自荐信。我叫王梅，是×××职业学院 2018 级的应届毕业生，很荣幸有机会向您呈上我的个人资料。

在投身社会之际，为了找到适合自己且感兴趣的工作，更好地发挥才能，实现自己的人生价值，谨向各位领导作自我推荐，现将自己的情况简要介绍如下：

作为一名学前教育专业的大学生，我热爱我的专业并为其投入了巨大的热情和精力，努力学习专业知识和技能，系统学习了教育学、心理学、普通心理学、学前教育学、幼儿教育心理学、卫生学、幼儿教育研究方法等专业课程，具备了舞蹈、钢琴、视唱练耳、手工绘画、听话与说话等学前教育各项基本功。还获得了教师资格证、国家普通话二级甲等证书、国家英语四级证书，这些都是从事学前教育工作必备的基础。

在校期间我曾任班级团支部书记和视唱课代表，积极主动为同学服务。在学习方面我认真刻苦，成绩优秀（有关成绩见附件），并充分利用课余时间拓宽个人知识面。课外，我参加了校合唱团，锻炼声乐技能和心理素质，在公共场合或大型活动中能大胆地表现自己。在校期间我积极参加学校组织的各项活动，每个学年都被评为"三好学生"，在校科技文化艺术节中荣获"讲故事优秀奖""配乐诗朗诵优秀奖""演讲比赛优秀奖"等奖项。

学校曾经组织我们到本市××幼儿园实习三个月，我在此幼儿园里担任副班主任，在实践中受益匪浅，语言表达和社会交往能力都得到了很大的提高，积累了幼儿教学和与家长建立融洽友好关系的经验，为未来的幼教工作打下坚实的基础。

本人性格开朗、乐观、自信、上进心强，能够很好地处理人际关系，有协调沟通方面的特长。我正处于人生中精力充沛的时期，期望在实践中得到锻炼和提高，因此希望能够加入贵单位，我会踏踏实实地做好自己的本职工作，竭尽全力在工作中取得好的成绩，我相信经过自己的勤奋和努力，一定会取得良好的成绩。

感谢您在百忙之中给予我的关注，愿贵单位事业蒸蒸日上，屡创佳绩，祝您的事业百尺竿头，更进一步！殷切盼望您的佳音，谢谢！

此致

敬礼！

求职人：王梅

2021 年 5 月 12 日

附件：

1. 学历证书复印件 1 份

2. 教师资格证书、国家普通话二级甲等证书、国家英语四级证书复印件各1份

3. 各门课程成绩复印件

4. 联系地址：××××××××××

   邮编：××××××

   电子邮箱：××××@×××××××××

   电话：×××××××××××

简析

本例文用事实说话，从求职人的专业知识、综合素质等方面推销自己，在有限的篇幅里传达出大量的有效信息。

范文2

应聘信

尊敬的院领导：

您好！

日前于××招聘网站上看到贵医院的招聘启事，特写此信应聘护士一职，我自信符合贵医院的要求，渴望为贵医院服务，现将本人简况介绍如下：

我叫×××，今年33岁，大专学历，中级职称。2006年7月毕业于××地区民族卫生学校护理专业，2009年1月获××卫生管理干部学院护理学专业（函授）专科文凭，2007年获得护士执照。2009年9月起至今一直在×××县人民医院（二甲医院）从事临床护理工作。

十几年来，我始终以积极的信念和勤奋的态度，秉承以病人为中心，以质量为核心的服务宗旨，对护理工作满腔热情，将耐心、细心、热心、责任心贯穿于整个护理工作，尽职尽责，练就了扎实的基本功，成为科室的护理骨干，护理工作得到了同事和领导的好评和认可。除具体的护理工作外，还能积极协助护士长做好病房管理及护理质量的管理工作，主要负责科室护理安全及"三基""三严"培训。

最近几年来我先后分别在骨伤科、外科、小儿科、五官科等科室工作，熟练掌握骨外科、颅脑外科、普外科、泌尿外科及五官科各种疾病的护理。在儿科工作的两年中熟练掌握了新生儿急救技能，擅长新生儿急危重症护理、早产低体重

儿的护理，熟练掌握新生儿腋静脉穿刺、深静脉穿刺置管术、桡动脉穿刺等技术难度的操作，在医院的理论及技能考核中成绩优秀。2015 年、2017 年、2019 年、2020 年均评为医院先进工作者，2021 年荣获 ××× 县人民医院"十佳护士"荣誉称号。

成绩只能代表过去，勤奋才是真实的内涵。我相信凭我多年在临床护理一线所积累的经验，我能够很快适应新的工作环境，为单位、为科室做出应有的贡献。

本人为本市户口，现有住房，愿意接受贵院的聘用工资标准，其他方面待遇并无特殊要求，望能加盟贵单位，谨候回音。最后衷心祝您工作顺利，生活愉快！

此致

敬礼！

应聘人：×××

2022 年 ×× 月 ×× 日

附件：

1. 学历证书、职称证书复印件各 1 份

2. 护士资格证复印件 1 份

3. 本人简历表（含近照）1 份

4. 先进工作者、荣誉证书复印件各 1 份

5. 联系地址：××××××××

邮编：×××××

电子邮箱：××××@××××××××

电话：×××××××××××

简析

开篇写明招聘信息来源和应聘目的。针对所应聘的职位，在主体部分介绍了自己的基本情况，重点讲明了自己在专业能力和实践方面的优势。结尾再次强调自己的愿望和要求，盼望对方能够接纳的同时，还特别声明自己有住房，这不失为明智之举。

模板

> _____（标题）
>
> _____（称谓）
>
> _____（问候语）
>
> _____
>
> _____（简单自我介绍，交代写信目的）
>
> _____
>
> _____（推销自己，主要介绍自己的成绩和优势，特长和爱好）
>
> _____
>
> _____（最后表明有胜任该项工作的信心）
>
> _____（祝颂语）
>
> _____（署名）
>
> _____（日期）
>
> _____（附件）

病文诊断

病文

求职信

××单位人事处：

　　我叫×××，男，××岁，是××学校××系××专业的学生，将于今年7月毕业。伴着青春的激情和对知识的渴望，我即将走完四年的求知生活。美好的大学生活，培养了我科学严谨的思维方法，更造就了我积极乐观的生活态度和开拓进取的创新意识。课堂内外拓展的社会实践、扎实的基础知识和开阔的视野，使我更了解社会；在不断学习和工作中，我养成了严谨、踏实的工作作风和团结协作的优秀品质，这些使我深信自己完全可以在岗位上守业、敬业，更能创业！

贵单位在××界成绩卓越，我相信我的能力和知识正是贵单位所需要的，我希望拥有这样的人生：它在经历了无数场风雨后成为一道最壮丽的彩虹，我真诚渴望奉献我所拥有的一切，为单位的明天奉献自己的青春和热血！如果您是独具慧眼的伯乐，我就是一匹准备驰骋的千里马。如果可能，我愿在贵单位的任何部门工作，我将用我的行动向贵单位证明：您的过去，我来不及参与；您的未来，必将有我的心血和汗水！

　　此致
敬礼

求职者：×××

20××年××月××日

　　附件：

1. 个人简历

2. 学历证书复印件

3. 各类技能证书复印件

诊断

这份求职信看起来激情四射，但存在诸多问题。在推销自己时要把自己与岗位相关的专长、学历、能力等突显出来，用事实说话，不要说大话、空话。第一段下笔千言，但能力、专长和兴趣等都很模糊。第二段表明了自己求职的迫切愿望，但词语花哨，哗众取宠，给人作秀的感觉。结尾的豪言壮语不可取，遣词造句应注意朴素平实。

拓展

求职信写作怎样选材

求职信写作应做到言简意赅，这就需要在选材上下功夫。求职信不是简历，不能在各段生平经历上平均选材，而是要针对所求职位选取最能表现自己求职能力与求职诚意的材料。不仅如此，还要在剪裁上讲究详略，布局上讲究合理。这主要表现在正文部分，正文一般可分为三部分：第一部分简述自己的基本情况和得到招聘信息的渠道，还可以概述对该单位的了解，这部分要略写。第二部分要展示自己的专业，材料一定要具体明确，万万不能概略介绍，例如，"我现在××大学会计学院会计系学习，今年7月即将毕业。四年学习中，我的各门成绩均在85分以上，毕业论文被评为优秀。"这样的内容常在一些求职信中出现，殊不知招聘人员也许不懂你的专业，更不知你到底学习了哪些专业课程，如果他的上司交给他的任务是招聘一个银行会计学专业的人员，他就不知道你的专业是否对口，所以你一定要把主要的专业课程一一列出，写成"全面系统地学习了工业会计学、商业会计学、银行会计学、国际会计学、西方财务会计学、管理会计学等"。再如你在校有关专业获奖情况、发表过的专业文章、参加过的专业比赛及专业实践活动一定要写得具体明确，不能写成诸如"积极投稿，考取相关证书，多次主持、参加某某大赛和社会实践活动，使自己有了较强的沟通和协调能力"等空洞的话，你要明确写出发表文章的名称、刊物名称、期数，考取什么证书，参加过什么比赛，获过什么奖项，奖项是第几名。写清楚后不用自夸自己的能力，而要用事实让别人感受到你的能力。换句话说，你要尽量使用商业语言，即定量化的语言。用具体的数字、具体的事实明确你的价值，比大而空、口号式的语言强得多。第三部分介绍自己的工作能力及爱好特长，包括自己在校期间担任学生会、班级的主要干部职务，在各类活动中的组织能力、人际交往能力、口才表达能力、实践能力等，这些材料要围绕所求职位写，展示你的工作能力。在材料安排的顺序上，也要围绕所求职位写，按与所求职位关系密切程度降序排列。个人的兴趣、爱好及特长虽然与工作能力关系不是太大，但也能体现一个人的素质，展现竞争的优势，也应作简要介绍。总之，正文是求职信中最重要的部分，要用事实推销自己，扬长避短，突出自己的优势与长处。

"求职信"测试

微课：求职信中自我推销写作要点

"求职信"微课

任务 3 撰写毕业论文

知识链接

（一）毕业论文的概念

毕业论文是高等院校的应届毕业生为了完成学业，综合运用所学基础理论、专业知识和技能，就某一领域的某一课题的研究（或设计）成果加以系统表述的具有一定学术价值或应用价值的议论文体。

（二）毕业论文的分类

学业论文一般可以分为课程论文、毕业论文和学位论文。在实际中，高校毕业生的毕业论文与其学位论文往往是合二为一的。学位分学士、硕士、博士三级。相应地，学位论文可以分为学士学位论文、硕士学位论文和博士学位论文。当然，不授予学位的专科生毕业前一般也撰写毕业论文。

（三）毕业论文的特点

（1）学术性。毕业论文在主旨、材料、结构、语言表达等方面，都要符合限定的专业学科，都必须符合或突出教学大纲规定的专业知识、考核环节和目标要求。

（2）科学性。毕业论文的科学性要求它是科学的，符合客观规律的，有事实和理论根据的。毕业论文的科学性体现在两个方面：一是要求立论的观点正确。二是要求知识、材料准确。如果知识、材料不准确，不仅不能确切地反映客观事物的规律，而且会给读者带来困惑或误导。

（3）创见性。创见性是学术论文的价值所在，如果没有创见性，就不能称其为学术论文。从这个意义上说，创见性是学术论文的核心，是学术论文的生命。学术论文的创见性，表现在提出前人从未提出过的新观点、新理论或发现尚未被人认识的客观规律上。

（四）毕业论文的结构和写作要求

1. 结构和写法

（1）题目。题目应简洁、明确、有概括性，字数不宜超过 20 个字（不同院校可能要求不同）。本专科毕业论文一般无需单独的题目页，硕博士研究生毕业论文一般需要单独的题目页，展示院校、指导教师、答辩时间等信息。英文部分一般需要使用 Times New Roman 字体。

（2）版权声明。一般而言，硕博士研究生毕业论文内均需在正文前附版权声明，独立成页。个别学校本科毕业论文也有此项。

（3）摘要。要有高度的概括力，语言精练、明确，中文摘要 100 ～ 200 字（不同院校可能要求不同）。

（4）关键词。从论文标题或正文中挑选 3 ～ 5 个最能表达主要内容的词作为关键词。关键词之间需要用分号或逗号分开。

（5）目录。写出目录，标明页码。目录内容包括正文一级二级标题（根据实际情况，也可以标注更低级标题）、参考文献、附录、致谢等。

（6）正文。专科毕业论文正文字数一般应在 5 000 字以上，本科文学学士毕业论文通常要求 8 000 字以上，硕士论文可能要求在 3 万字以上（不同院校的要求可能不同）。

毕业论文正文包括前言、本论、结论三个部分。

① 前言（引言）是论文的开头部分，主要说明论文写作的目的、现实意义、对所研究问题的认识，并提出论文的中心论点等。前言要写得简明扼要，篇幅不要太长。

② 本论是毕业论文的主体，包括研究内容与方法、实验材料、实验结果与分析（讨论）等。在本部分要运用各方面的研究方法或实验结果，分析问题，论证观点，尽量反映出自己的科研能力和学术水平。

③ 结论是毕业论文的收尾部分，是围绕本论所作的结束语。其基本要点就是总结全文，加深题意。

（7）参考文献。在毕业论文末尾要列出在论文中参考过的所有专著、论文及其他资料，所列参考文献可以按文中参考或引证的先后顺序排列，也可以按照音序等其他顺序排列。

（8）注释。在论文写作过程中，有些问题需要在正文之外加以阐述和说明。

（9）附录。对于一些不宜放在正文中，但有参考价值的内容，可编入附录中。

（10）致谢。简述自己写作毕业论文的体会，并对指导教师和协助完成论文的有关人员表示谢意。

2. 写作要求

（1）坚持理论联系实际的原则。理论研究，特别是社会科学的研究必须为现实服务，为社会主义现代化建设服务，为两个文明建设服务。科学研究的任务就在于揭示事物运动的规律性，并用这种规律性的认识指导人们的实践，推动社会的进步和发展。因此，毕业论文在选题和观点上都必须注重联系社会主义现代化建设的实际，密切关注社会生活中出现的新情况、新问题。

（2）立论要科学，观点要创新。毕业论文的科学性是指文章的基本观点和内容能够反映事物发展的客观规律。文章的基本观点必须是从对具体材料的分析研究中产生出来，而不是主观臆想出来的。毕业论文的创新是其价值所在。文章的创新性，一般来说，就是要求不能简单地重复前人的观点，必须有自己的独立见解。

（3）论据要翔实，论证要严密。一篇优秀的毕业论文仅有一个好的主题和观点是不够的，它还必须要有充分、翔实的论据材料作为支持。旁征博引、多方佐证，是毕业论文有别于一般性议论文的明显特点。论证要严密、富有逻辑性，这样才能使文章具有说服力。

范文简析

范文

浅析会计专业学生的诚信教育

摘要：会计诚信是会计的根本，目前会计诚信缺失已成为社会关注的焦点。努力提高会计诚信已成为当前会计界的一项重要而紧迫的任务。教育是诚信建设的基础，将诚信教育贯穿到会计教学中，有利于提升学生的职业判断能力和职业道德水平，进而提高会计专业学生的诚信水平。本文从加强对会计专业学生诚信教育的必要性、会计专业学生诚信危机的原因分析、会计专业学生诚信危机的解决措施三个方向进行论述。

关键词：会计专业；职业道德；诚信教育

诚信，即诚实守信，是一切道德的基本和根本。"诚"是对会计人员尽职尽责的要求，"信"是对社会与会计行业之间达成相互信任方面的要求。朱镕基给上海国家会计学院的题词"诚信为本，操守为重，坚持准则，不做假账"就是对会计人员诚信的最好诠释，加强对会计专业学生的诚信教育是从根本上改善目前会计人员诚信缺失的有效方法之一。

一、加强对会计专业学生诚信教育的必要性

第十六届世界会计师大会上明确提出会计人员应"诚信为本，不做假账"。这不仅要求会计人员应尽快地提高业务技术，还要求会计人员应具有良好的职业道德素养，来确保会计人员的诚信。因此，作为培育会计专业人才的高等院校，在开展会计诚信教育中扮演重要的角色。

（一）加强诚信教育有利于提高会计专业学生的综合素养。我国财会类高校将培育高素养的会计人员作为其人才培育目标。会计专业的学生毕业后大多要从事会计工作，企事业单位的会计工作要由他们来完成，国家制定的会计政策、法规也要由他们来贯彻执行，这就要求他们须具有良好的综合素养。因此，笔者以为，在日常的会计专业教学中，在强调会计专业学生必需把握本专业的理论知识和实际操作技术的同时，还要把握而且明白会计相关的政策法规，提高会计职业道德素养。如此才能保证会计专业的学生毕业后成为高素养的会计人才。

（二）加强诚信教育有利于奠定会计专业学生的诚信基础。会计人员工作的重要任务是及时、完整地提供会计信息来反映企业的财务状况、经营功效。这需要会计人员保证会计信息质量，保护社会信誉。关于会计行业来讲，会计诚信是行业生存与进展的基础。而学校作为诚信教育的重要阵地，在开展诚信教育方面起着举足轻重的作用。为此，高校应该对会计专业学生增强诚信教育，使之毕业以后到工作职位上重视会计诚信，及时提供客观公正的会计信息，把会计工作做好。

（三）加强诚信教育有利于会计队伍健康发展。会计工作是一项重要的经济治理工作，会计工作在社会经济进展中起到了重要的作用。这就要求会计人员在具有较高业务能力的同时还应遵守国家制定的各项会计政策和法规，成为高素养的会计人才。为了达到这些要求，要从会计诚信教育入手。把会计职业道德教育纳入日常的专业教学当中，使会计专业学生在校期间就能够深刻认识到从事会计工作不仅需要有较高业务能力，同时还要有高贵的职业道德，如此才能保证会计队伍健康发展。

二、会计专业学生诚信危机的原因分析

（一）社会大环境的负面影响（略）

（二）财会类高校缺乏有丰富实际工作经验的教师（略）

（三）财会类高校诚信教育的缺失（略）

三、会计专业学生诚信危机的解决措施

（一）加大对会计专业学生的诚信教育力度（略）

（二）建设高素质的师资队伍（略）

（三）采用案例教学法，提高会计诚信教育的效果（略）

参考文献（略）

简析

此处节选了该篇论文部分核心内容。它包括标题、摘要、关键词、正文、参考文献。正文按照提出问题、分析问题、解决问题的思路行文，逻辑清晰，条理清楚。

模板

论文题目

班　　级：＿＿＿＿＿＿＿

姓　　名：＿＿＿＿＿＿＿

专　　业：＿＿＿＿＿＿＿

指导老师：＿＿＿＿＿＿＿

＿＿＿＿＿年＿＿月＿＿日

版权声明

……

摘　要：……

关键词：……

目　录

（正文）

……

参考文献

[1] ……

[2] ……

……

（一般 15 条以上 ）

注　　释

……

附　　录

……

致　　谢

……

病文诊断

病文

【摘要】随着现代医学模式的转变，心理护理的作用日益受到重视。心理护理学作为一门实践性很强的应用学科，已得到普遍认可并广泛应用于临床护理实践。心理护理作为现代护理模式的重要组成，应贯彻到临床护理的全过程，遍及护理实践的每一个角落。护理人员要做好心理护理，掌握、提高交流技巧，做好心理疏导。

【关键词】心理护理；患者；语言

语言作为人类最重要的交往工具，是信息传递最强有力的手段，人们可以利用语言直接及时地交流信息，沟通情感。但有时不恰当的语言表达，会容易产生误导，产生适得其反的作用。为了缓解紧张、焦虑的情绪，在手术等候期间，患者可以借助优美、流畅的轻音乐适当调整和放松。整个手术过程中患者有任何不适或需要，可随时向巡回护士反映。因此，护理人员掌握不了交流技巧，碰到患者提出的问题无法及时正确回答，或解释不当，都会加重患者的心理负担。另有的护士则不善言辞，与患者交谈时总觉得无话可说。为了使大家掌握交流技巧，提高语言表达能力，我们平时在晨会时应抓紧各方面知识的训练，模拟心理问题，寻找最佳语言表达方式。掌握交流技巧，取得患者信任；在实践基础上，不断完善。

常年以来，心理护理问题在我们指导站非常普遍且十分突出，应引起医务人员、患者、家属、亲友和社会的足够关注。我们应正确对待和认真解决心理问题，并尝试从各自的角度，调动患者的积极心理因素，防止不良心理反应的发生，营造和谐的诊疗心理环境，有利于患者向康复的方向发展，为构建和谐社会和睦家庭、共享健康快乐的美好人生贡献爱心和力量。患者到我们指导站，我们护理人员应当做到热情接诊，亲切而又耐心地询问、悉心体贴、关怀周到，与他们建立良好的关系，使患者感到医护人员可信。对患者来说，护理人员能使他们在精神上得到支持、鼓舞和依靠的力量，从而获得安全感。

有些患者随着病情变化，情绪也会发生变化。有时高兴、有时悲伤、有时满意、有时失望；紧张、焦虑、忧愁、愤懑、急躁、烦闷等消极情绪也经常出现。有些患者，由于长期的疾病折磨，人的性格也会发生变化，比如以往那种兴高采烈、生机勃勃的形象不见了，代之以动作迟缓、情感脆弱、谨小慎微、被动依赖、敏感多疑，处处以自我为中心等表现。这些患者会过分关注自己的机体感受，过分计较病情变化，一旦受到消极暗示，就迅速出现抑郁心境，有时还可产生悲观厌世之感。为了减少消极情绪的发生，我们护士必须做到态度和善、语言亲切、医疗操作技术娴熟、工作作风严谨，从而取得她们对我们的信赖。在日常护理中，要加强基础护理、心理护理，给予他们更多的安慰和鼓励，使他们在良好的心理配合下，接受手术。另外，良好的环境、舒适的治疗条件，也能减少生理和心理上的不适感觉。因此，为他们创造一个和谐、舒适、安全、安静的环境就显得非常必要。

1. 手术术前的心理与心理护理

无论何等重要的手术，也不论手术大小，对患者都有较强的紧张刺激。如果她们意识到了这种紧张刺激，就会通过交感神经系统的作用，增加肾上腺素和去甲肾上腺素的分泌，引起血压升高、心率加快，有的患者临上手术台时还可能出现四肢发凉、发抖、意识域狭窄，对手术环境和器械等异常敏感，甚至出现病理心理活动。因此，术前的心理护理具有极为重要的意义，患者应当进行术前心理咨询。咨询应由专业的医生和护士进行，耐心听取患者的意见和要求，向家属详细说明手术经过，阐明手术是很小的手术，尤其要对手术的安全性做好充分的说明，绝不能向患者过分强调手术的危险性。

专业和权威的心理咨询对患者获得安全感极为重要，还要依据不同的患者用恰当的语言交代术中必须承受的痛苦，如术中牵拉脏器时会感到不适和疼痛，届时应有思想准备，并行深呼吸，努力放松，可以减轻疼痛等。另据研究报道，术前焦虑程度对手术效果及预后恢复的快慢也有很大的影响。资料表明，有轻度焦虑者，效果较好；严重焦虑者，预后不佳；而无焦虑者，效果往往更差。这是因为无焦虑的患者由于对医生或手术过度依赖，过分放心，对生理上带来的不可避免的痛苦缺乏应有的心理准备。

另外，手术的环境和气氛也极为重要，所以手术室一定要整齐清洁，床单无血迹，手术器械要掩蔽。一个手术室内最好只摆一张手术台，不宜几个手术台并排摆列，以免产生消极暗示。手术室医生和护士的举止言谈也十分重要，因为他们一进手术室就失去了对自己的主宰，一切痛苦大小甚至包括生命如何，全都由医生和护士掌握了。所以，医生和护士都应端庄大方、态度和善、言语亲切、使患者产生安全感。术中医生、护士都应时刻注意患者的情绪变化，如患者心理过度紧张时应及时给予安慰。器械护士必须眼疾手快地配合手术，医生之间要全神贯注、紧密合作，以减轻患者的痛苦。手术室内不应闲谈嬉笑，也不要窃窃私语，应尽量减少、减轻手术器械的碰击声，避免给患者带来一切不良刺激。在术中一旦发现病情变化或发生意外，医护人员都要沉着冷静，不可惊惶失措，以免带来恐怖和紧张的心理感受。

2. 手术术后的心理与心理护理

患者刚结束手术时，他们十分渴望知道自己的真实情况和手术效果。医生护士应以亲切和善的语言及时告知手术效果，进行安慰和鼓励，告诉他们手术进行得很顺利，只要忍耐几天，在正确的医疗护理下，很快就能恢复健康了。这时患者可能产生新的疑虑，如怕伤口裂开、发生意外，这时就要告知他们要如何适当地进行活动，说明一些注意事项及做一些健康指导等。

医生和护士应当向患者传达有利的信息，给予他们鼓励和支持，帮助患者克服抑郁反应。个别患者术后平静下来之后，会出现一些抑郁反应，主要表现有：不愿说话、不愿活动、食欲不振及睡眠不佳等状况。患者的这种心理状态如不及时地排解和调整，必将影响其及时下床活动，而不能尽早下床活动将会影响其呼吸系统、循环系统及消化系统等功能，容易产生营养不良、静脉血栓或继发感染等。所以医护人员要努力帮助这些患者缓解抑郁情绪，要准确地分析其性格、气质和心理特点，注意他们不多的言语涵义，主动关心他们，总之，要使他们意识到既然已顺利手术，就要争取早日恢复健康。

3. 体会

为了减少手术后遗症的发生，护士要严格遵守诊疗和护理操作规程，还应根据不同的服务对象应用不同的心理疗法，积极做好心理护理工作，常言道"言为心声"，语言是人与人进行情感交流最直接的方式，作为护理人员，应该充分利用语言，把一片爱心传递给患者，根据其心理问题逐一认真、正确地解释指导，从而获得她们的理解和信任，解除或减轻术前焦虑情绪，保证手术顺利进行，充分体现"一切以患者为中心"的工作宗旨，符合和谐社会的需要，也是现代医学模式的需要。

诊断

该论文从格式上讲不完整。一没有标题；二没有参考文献。该论文从内容上看提出问题部分写得过多；第三部分不是"体会"应该是"结语"，语言啰唆不简洁。

拓展

毕业论文的写作步骤

毕业论文的写作过程是一个系统学习、专题研究，最终把研究导入更科学、更清晰、更有条理的过程。其写作步骤通常包括选题、选导师、收集资料、研究分析、编写提纲、撰写成文、修改定稿等步骤。

一、选题

选题，就是确定论文的研究方向，指作者在系统学习理论的基础上选择研究对象和范围，确定论文的角度和切入口。选题是毕业论文写作的第一步，是论文写作成败的关键。一般说来，确定选题既要考虑培养要求，又要量力而行。毕业论文的选题通常有三种方式：一是教师命题，一般由专业教师根据专业具体情况拟订一些论文题目，学生可从中选择适合自己的题目。二是引导性命题，由指导教师在了解学生具体情况的基础上，引导学生选定较为适宜的论文题目。三是自选题，由学生在所学专业领域内，自主拟定论文题目。

二、选导师

学生在撰写毕业论文的过程中，一般要由专业教师指导。导师的主要任务是帮助学生确定选题，提供参考文献、书目，指导制订研究计划，审定论文提纲，指导研究方法，解答疑难，审阅论文，评定论文成绩等。导师并不负责直接修改学生论文，只是针对学生的提问，就学生论文写作中存在的问题进行指导，帮助学生按要求完成毕业论文的写作。学生选择导师时要基于自己选题的方向，然后考虑导师的专业特长和研究领域。学生在论文写作过程中，遇到疑惑一定要积极主动地与导师联系，尤其是在选题、拟定提纲和征求初稿修改意见等三个环节。

三、收集材料

毕业论文的选材就是通过各种途径、方法，去收集、选取与课题相关的理论资料和数据。充分占有资料是撰写毕业论文的基础。根据与论文的关系，材料可分为三类：①核心材料，即研究对象本身的材料；②背景材料，即对核心材料起参照、比较、深化作用的材料，包括已有的研究成果材料和相关的参照材料；③具有方法论意义的理论材料。资料收集的途径主要有：①查阅文献；②实地调查；③科学实验；④科学观察。

四、研究分析

论文写作不是堆积资料，而是作者运用科学、系统的方法和理论，对搜集的资料进行分类、优选，然后进行分析、研究，从而发现问题，发现规律，提出新的、有价值的观点。这是论文撰写的关键所在，这一步直接决定论文水平的高低。

五、编写提纲

编写提纲是作者从整体上编写论文的篇章结构，立足论文全篇，及时发现原有设想可能存在的疏漏之处与薄弱环节，以便及时采取补救措施。论文提纲形式多种多样，一般可分为简单提纲和详细提纲两种。编写提纲的步骤一般为：①初步确定论文的标题；②确定论文的中心思想，写出主题句；③确定论文的总体框架，安排有关论点的次序；④确定大的层次段落，确定每个段落的主旨句；⑤填充材料，即每段选用哪些材料，按自己的习惯写法表示所选用材料的名称、页码、顺序；⑥检查，修改提纲。

六、撰写成文

提纲拟定之后，接下来就要进入具体的写作了。拟定提纲时，主要考虑的是如何构建论文的框架，如何安排论文的逻辑关系和具体环节。执笔写作时，更多考虑的则是如何按照毕业论文的写作格式去恰当地使用材料，如何运用多种论证方法严谨而又充分地论述自己的观点。

七、修改定稿

论文初稿是还没有被正式认可的文献作品，在没有最终通过前都可以大量修改、完善。这个阶段需要查阅的资料更多，也需要频繁请教导师，直致确定终稿可以定稿。

创业篇

情景导入

　　肖雅的家乡是一个依靠能源开发的小城，在过去几年，依托中国基建大发展，小城经济繁荣，就业机会很多。可是从几年前开始，钢厂大量裁员，小城经济发展走向萎缩低迷，就业前景渺茫。马上要毕业了，肖雅了解到政府出台了很多支持大学生自主创业的政策，她所在的学校还专门成立了创新创业办公室，指导并帮助学生进行自主创业。跟学校的创业咨询师进行深度沟通、咨询后，肖雅决定做一个创业项目。

"创业篇"
测试题

任务清单

　　任务1　拟写市场调查报告

　　任务2　拟写市场预测报告

　　任务3　拟写创业计划书

　　任务4　拟写商务信函

　　任务5　拟写广告文案

　　任务6　拟写经济合同

　　任务7　拟写经济诉状

　　任务8　拟写答辩状

任务 1 拟写市场调查报告

💡 **知识链接**

（一）市场调查报告的概念

市场调查报告是市场调查人员以书面形式反映市场调查的内容及工作过程，并提供调查结论和建议的报告。由于市场调查报告的撰写需要进行深入细致的调查研究，要运用市场经济规律进行科学分析，因而市场调查报告可以揭示市场运行的规律。一份好的市场调查报告，能给企业的市场经营活动提供有效的导向作用，为企业的决策提供客观依据。

（二）市场调查报告的种类

（1）按其所涉及内容的多少，可以分为综合性市场调查报告和专题性市场调查报告。

（2）按调查对象的不同，可分市场供求情况调查报告、市场产品情况调查报告、市场销售情况调查报告以及市场竞争情况调查报告等。

（3）按表述手法的不同，可分为陈述型市场调查报告和分析型市场调查报告。

（三）市场调查报告的特点

（1）真实性。市场调查报告中所用的事实与数据必须准确，不夸大，不缩小。这样才能增强可信度和说服力。

（2）针对性。市场调查报告应针对不同的调研目的和不同的阅读对象安排报告的内容和格式，目的越明确，针对性越强，调查报告的作用越明显，价值越高。

（3）时效性。为了更好地适应市场竞争，市场调查报告的写作必须讲求时效，调查要及时，报告要迅速，以便适时作出决策。

（4）指导性。市场调查报告不只是对客观事实的叙述，它也是对事实的分析与概括，是对事实内在规律的探索，反映了经济活动中出现的问题，因此，市场调查报告对经济工作实践具有较强的指导意义。

（四）市场调查报告的结构和写作要求

1. 市场调查报告的结构与写法

（1）标题。单行标题，如《哈尔滨市家电市场调查报告》。双行标题采用正、副标题形式，一般正标题表达调查的主题，副标题则具体表明调查的单位和问题。如《消费者眼中的〈海峡都市报〉——读者群研究报告》。

（2）目录。如果调查报告的内容较多，为了方便读者阅读，应在目录中列出调查报告的主要章节和附录部分。

（3）概要。介绍调查的目的、范围、对象、调查内容和使用的调查方法，对提供帮助的个人或机构表示感谢。

（4）主体。一般包括以下内容：说明调查目的及所要解决的问题；摆出调研数据并进行分析；摆出自己的观点和看法并用具体数据或事实说明；提出解决问题可供选择的建议、方案和步骤；预测可能遇到的风险、对策等。

（5）附件。通常包括数据汇总表、原始资料、背景材料、空白的调查问卷、第二手资料来源的目录等。

2. 市场调查报告的写作要求

（1）内容要客观真实。调查报告的内容力求客观真实地反映实际情况，为政府和企业的决策提供可靠的调查资料。

（2）语言表达要简洁明了。语言表达上要求文字简练，数字准确，尽量用图表说明问题，使人容易理解。

（3）结构上要完整严密。结构上要求中心明确、突出，结构完整、严密，材料与观点统一。调查报告能够回答调查任务中规定的问题。

范文简析

范文1

大学生奶茶消费市场调查报告

一、调查目的

随着市场的竞争越来越激烈，消费者对产品质量的要求越来越高，近年来，奶茶越来越受到广大消费者特别是年轻人群的追捧，不同形式和风格的奶茶让人眼花缭乱，快捷便利的路边奶茶店遍地开花，其中珍珠奶茶深受市民的喜欢，成了火爆街头的大众饮品。本次市场调查即通过对消费者的调查，了解奶茶的发展状况、消费者需求、市场占有率及存在的问题。

二、调查对象及其一般情况

调查对象：在校大学生

一般情况：这部分人大多在 18 至 30 岁之间，其中以 18—24 岁为主要消费群体。

三、调查方式

本次调查采取的是随机问卷调查的调查方式。在学校内随机选择行人当场发卷填写，并当场收回。共发出调查问卷 105 份，收回 100 份，回收率达 95% 以上。

四、调查时间：20×× 年 5 月 22 日

五、调查内容

主要调查了消费者对奶茶市场的了解，购买奶茶的途径，以及对奶茶店具体情况的了解等。

六、消费者分析

其一，随着生活节奏的加快，方便、简单、快捷的食品受到越来越多消费者的追捧。奶茶店遍布各地，消费者在任何地方都能够买得到。同时奶茶较其他食品（如泡面等）更为方便，即买即饮，不管是在办公室里，还是在去办公室的路上，消费者都可以随时食用。由于工作和学习的压力，一些消费者没有时间选择或购买自己的午餐或是晚餐，而奶茶可送货上门，为消费者带去了诸多方便。

其二，随着经济的发展，人们对生活质量的要求越来越高，美味、营养、天然、健康，成为消费者对奶茶的新要求。

其三，在消费方式上，大多数消费者以少量、零散、随机购买为主，习惯于即买即饮的消费者占大部分，经常购买和批量购买的比例较小。此外，休闲消费成为消费者购买奶茶的一个新特点。

其四，在购买频率上，重度消费者的比例较小，仅有一小部分消费者每天饮用一次或更多；而轻度消费者的比例较大，较多的消费者每周饮用 1 次或更少。也就是说目前奶茶的固定消费人群较少，市场还有待进一步培养。

七、市场环境调查

大学城是大学生比较密集的场所，同时消费者整体上文化素质比较高，年轻人易接受新事物。他们有强烈的追求较高品位的生活方式的欲望，有一部分群体消费水平较高，有较多的可支配收入用来购买非生活必需品。在大学城里面经营一家奶

茶店，可以丰富教师与学生的生活，对于经营者而言，潜力巨大，大有可为。

八、市场需求调查

大学城的消费群体按照职业主要可以分为学生和教师两大群体。其中学生的数量最多，教职工次之。

（一）学生消费群体，按照年级分为入巢、守巢、离巢三个阶段。

1. 入巢：主要是大学一年级。初来乍到，对一切都十分好奇，对校内外乃至整个大学城的饮食有较浓厚的兴趣。但是由于大学城的地址比较远离市区，所以其主要生活范围主要是在大学城内，且主要是在学校内。

2. 守巢：主要是大学二年级。消费行为由大一的大学生活必需品的消费（手机、电脑、衣服等）转为非生活必需品的体验性和情感性的消费。相当一部分守巢期的消费群体开始恋爱，情感需要表达。

3. 离巢：大学三年级可归入离巢期。因为就业和开学的压力，他们的可支配的剩余时间减少，情感需要寄托。

（二）教师消费群体

1. 年轻教师：刚毕业不久，留校的年轻老师一般是单身，处于学生和教师角色的转换过程之中。生活稳定，有较稳定的收入，易接受新事物，追求自己的生活方式。

2. 其他教师：相对于年轻教师而言，收入较高，有子女和家庭，可支配收入更多，是潜在的奶茶消费者。

九、竞争对手的分析

根据对其他品牌的调查我们得知，品牌奶茶加盟一般是消费者信得过的品牌，而在大学城内有规模有特色的奶茶店几乎没有。健康、有特色的奶茶还有很大的市场需求。

十、调查体会

奶茶店创业者可以采取的措施：

（一）加大宣传力度，使消费者对自己的奶茶店留下深刻的印象。

（二）在消费者购买奶茶时，可以发放宣传册，方便下次购买。

（三）在节假日期间推出一系列活动（如发放优惠券、打折等），提高奶茶店的知名度。消费者的需求弹性大，消费日趋风格化、个性化，经营者应该通过有效激励消费需求来改变现状。大学生创业者，在初期可以选择小规模经营，把主要精力用于消费者的偏好上，改善销售额，提高利润率；再在盈利状况下，扩大规模，提供一些饮用设施。根据对消费者偏好的调查，经营者需要在提高服务质量、开发新产品、改进包装、提高环境卫生条件等几个方面下足功夫，以争取到更多的客源。

简析

本例文整体思路清晰明朗，在列举大量调研材料的基础上进行有理有据的剖析，并针对具体问题提出了科学合理的建议对策。能够选取影响奶茶市场的关键问题进行调研，调研流程完整，报告结构精当。

范文 2

××市"土特产"市场调查报告

近年来，××市经济快速发展与城市名气迅速提升，曾经只在本地家喻户晓的"××湖银鱼、红心鸭蛋、山楂糕、粉皮"等农副产品，如今已被贴上"××市土特产"标签，作为城市名片逐步走向国内国际市场。为全面了解××市本地种植、养殖和加工的"土特产"食品安全现状，据此制定针对性监管措施，保证流通领域特别是省农博会期间的食品安全，××市工商局×城分局抽调专人，对城区范围内18家土特产专卖店开展了专题调研。

一、主要问题

（1）绝大多数土特产品无QS标志。被调查的18家土特产超市中均发现无QS标志产品，主要以"水晶明膜"豆皮、五香大头菜、小黄鱼、水晶楂糕等本地特产为主。有的外包装上虽有QS标志，但细看可发现并非本来就有的，而是后贴上去的。

（2）无生产日期和无保质期食品大量存在。调查发现，很多土特产品要么缺少生产日期，要么有保质期而无生产日期，主要以大米、草鸡蛋、红心鸭蛋、挂面等农副产品为主。根据国家相关规定，产品外包装最大表面积大于10平方厘米的，必须在包装上注明生产厂家、保质期、生产日期。土特产品外包装均大于该标准，故均需在包装上打印生产日期。

（3）销售过期土特食品的行为大量存在。18家土特产超市中销售过期食品的有14家。同时，很多土特产品的生产日期是销售商自己打印价格标码后再贴上去的，导致很多消费者不能根据包装准确推算出该商品是否属于过期商品。

（4）生产加工场所卫生条件堪忧。由被调查的土特产超市往上溯源，调查组发现生产加工土特产食品场所无食品生产许可证现象比较普遍，对生产加工的产品不能检测，卫生条件也较差。

二、原因分析

（1）土特产利润空间巨大，生产者众多，市场准入控制难。以××市豆皮为例，因其风味独特、烘干后保质期较长，而常被用来馈赠其他城市亲友，也常被各级政府作为宣传城市文化的载体。这些市场上原本价值5元的豆皮，经过简单加工包装就至少能卖到10元，因其利润可观，普通经营者容易加工销售，生产加工者人数众多、地域分散，所以市场准入很难控制。

（2）土特产品管理要求较低，导致安全标准不高，留有隐患。为推动全民创业、实现富民强市，××市各级政府对农民、下岗职工、大学生村官等创业扶持力度很大，食品管理上要求相对较低，使得这些创业群体以进入门槛低、安全标准低的土特产品加工为切入点，带领村民创业致富，许多农副产品均是自产自销，没有经过任何检验程序，就直接被加工成土特产出售。

（3）消费者食品安全意识不高，导致食品安全不被重视，监督乏力。在许多人特别是××市本地人心目中，所谓土特产就是平时在街上买的豆皮、小黄鱼，祖祖辈辈吃它们长大，因此想吃就吃，现买现吃，外卖的土特产只不过用盒子包装起来、送人比较体面，因此很少有人会去考虑保质期、QS标志等问题。如果消费者自身不予重视，那么也无法引起职能部门足够关注、强化监管。

三、建议对策

（1）政府部门加强协调，实现监管无缝对接。严格按照《中华人民共和国食品安全法》等相关法律法规及各级政府食品安全监管要求，结合××市实际，充分发挥食品安全委员会的组织协调作用，加强职能部门之间的协作分工，实现无缝对接，确保食品安全。

（2）推进食品安全认证，规范食品生产行为。对符合食品生产卫生、质量等标准的生产企业要及时核发食品生产许可证，对工艺落后、生产环境差的暂不具备生产条件的小作坊、摊点等要加强管理，严防质量问题。同时，要重点指导和扶持土特产生产企业申请食品安全QS认证，并加大检测监测力度，确保产品标准不低于国家标准、行业标准和相关国际标准对同类食品安全参数的检测要求。

（3）加大监管服务力度，规范现场制售行为。在强化市场监管的同时，应注重保护具有地方特色的食品加工业，对有发展前景和潜力的产业加强行政指导，帮其实现规模化、产业化经营，引导实施品牌战略，壮大地方品牌经济。同时，要切实加大流通领域市场监管力度，坚决打击无证照经营食品行为；对不属职责范围内的食品经营行为，应积极履行函告义务，避免"多头监管、多头不管"的局面。

（4）坚持重点扶优扶强，推动工业化产业化发展。土特产品安全监管隐患较多的重要原因之一，是食品生产工业化程度低，因此，亟须提高食品生产工业化和产业化水平。要重点扶持规模较大土特产加工企业，政府及各职能部门要做好服务保障，致力培育一批规模大、信誉好、有潜力的土特产生产经营企业；要加大名优产品和驰名企业宣传力度，搭建宣传平台，创新宣传载体，努力把本地名优食品及土特产推介出去，增大市场份额，保障扩大生产；要加大整合力度，加快兼并重组一批生产企业，通过政府引导、中介组织、市场调节等兼并重组、发展壮大，提高工业化水平；要成立农民专业合作社，组织农民种植和养殖特色产品，对农民经营户产品组织收购加工，保障最末端种养殖农民经营户利益。

简析

本文整体思路清晰明朗，在列举大量调研材料与数据的基础上进行有理有据的剖析，并针对具体问题提出了合理科学的建议对策，具有较高的调研价值。

模板

_____（标题）

_____（目录：列出调查报告的主要章节及附录）

_____（概要：调查的目的、对象、范围、方法、基本过程、结果等）

_____（调查目的及所要解决的问题）

_____（调研数据及分析具体数据或事实说明）

_____（观点和看法）

_____（解决问题可供选择的建议、方案和步骤）

_____（预测可能遇到的风险及对策）

附件：

1._____（数据汇总表）

2._____（原始资料）

3._____（空白调查问卷）

4._____（第二手资料来源目录）

病文诊断

病文

大学生网上购物的市场调查报告

互联网形态下的外部大的市场环境日趋成熟，对传统产业的影响不可忽视。目前在我国的大中城市，电脑和网络的应用已经非常普遍。而且大学生是"新新人类"，对新鲜事物比较好奇，为了揭开网上购物的真实面目，让更多的人了解网购，我们展开了这次有关大学生网上购物的调查。

一、调查目的

对于许多消费者来说，网上购物已经慢慢地从新鲜事物逐渐变成日常生活的一部分，网上购物以其特殊的优势逐渐深入人心。

网络正在冲击着人们的传统消费习惯和思维、生活方式。越来越多的人逐渐习惯于到网上查找信息，当其产生某种需求到网上查找相关产品和企业信息时就成了潜在的客户；当信息能满足他的需要的时候，他就成了客户。即使暂时不需要产品，等到他需要的时候，他就会再次到网上查看有关资料，成为顾客。

二、调查方法和调查范围

基于上述目的，我们在网站上放置了一个调查问卷，利用该网站上的分析，可以直接得到我们的调查数据。

这次的调查主要针对的是在校大学生，在校大学生受教育程度较高，对网络的使用驾轻就熟，对适合在网上销售的满足精神需要的产品具有更多需求，其预期收入也相对较高，因此他们主宰未来网络消费的可能性较大。

三、调查结果

（一）大学生网上购物的总体情况分析

1. 大学生网上购物潜力巨大。通过本次调查显示，有网上购物经历的大学生占 100%。不难看出大学生在网上购物的市场潜力是巨大的。

2. 在网上消费与传统消费并存的今天，大多数大学生选择网上购物的原因是其方便、价格便宜，其各自所占的比例为 80%、63%，节约时间有 80%，也有相当一部分是因为商品齐全，当然还有少部分是出于好奇、追求时尚。

3. 在大学生心目中，可供网上购物的首选网站共分为三大类：主要进行网上零售的 b2c 网站、拍卖网站以及门户网站。

4. 网上购物与传统形式的购物有着时间与空间的差异。其中，购买的物品物美价廉的占 44%；跟描述的一致，货真价实的占 76%，但也有网上信息虚假的情况。购买物品后，对购买的商品的满意程度如下：有 55% 的人感觉一般，表示满意的有 40%。

5. 在网上购物人群中，因为节约费用而选择网上购物的占网上购物人数的 92%；还有一部分同学是出于好奇和寻找新奇商品而选择网上购物。有 48.57% 的网上购物者会把网站商品是否齐全作为他们选择购物网站的主要标准。

6. 大家都在网上买些什么呢？经调查，电子产品位居榜首，占总消费的 37.7%；其次是服装，为 27.87%；在网上买书也是个不错的选择，占到总数的 19.67%。

7. 本次调查还对同学们的网上购物消费水平进行了调查，每月进行一次网上购物和每季度进行一次网上购物的同学分别占总体的 20% 和 3%。有 77% 的"网上购物达人"平均每周进行一次网上购物。每次购物的平均交易金额在 100 元以下和 100 ~ 500 元之间的人数都占总数的 42.8%，其他金额范围分布较少。

8. 在网上购物过程中，难免会遇到一些困难，其中最主要的困难是商品描述不清楚，认为存在此类困难的人群达到 45%；其次是认为商品数目繁多、网站太多、网上市场太杂乱，此类人群占 21%，可见网上购物市场有待进一步完善。

（二）网络购物行为对大学生网络认知的影响

1. 在被调查者中，担心网络安全（信用卡信息、个人信息泄露等）的人数占到总数的 2%，而担心售后服务保证、货物质量、配送速度的人数分别占到总数的 56%、49%、38%，其他还有认为登记手续烦琐、配送费用高等问题。

2. 大学生在网上购物遇到的困难和问题中，商品种类和网站数目太多占了 26%，商品描述不清楚也占了 24%。其他问题如存货不足、界面复杂、不易操作以及网站速度太慢等占了 28%。

3. 对网上购物的发展前景感知上，有 92% 被调查者认同网络购物越来越被人们接受、发展空间大这个观点，可以看出网上购物会越来越好地发展，甚至会成为人们购物的主要形式。

四、简要研究分析

通过上述的调查报告，说明网上购物在大学生群体中已经普及。网上购物的方便、省时、商品齐全等优点吸引了绝大多数的人开始网上购物。网上购物要想得到更快更好的发展，必须要优化购物体系。

目前，网上购物市场的基础环境越来越稳定，一些网上购物平台已成为广大网民网上购物的场所。随着我国经济持续快速增长，人民生活水平不断提高，网络规模的壮大，网上购物市场将越来越火爆，会逐渐成为人们购物的主要形式。

诊断

该文对调查目的阐述空泛，缺乏针对性；对调查结果的分析仅限于简单地描述调研数据，没有进行必要的逻辑归纳与整理，思路不够清晰，结构不够完整。

拓展

市场调查的方法

一、统计分析研究

统计分析研究是对各种资料进行研究的方法，其前提是对已有的统计资料和调查资料进行系统研究和分析。一般生产资料市场研究较多地采用这种方法，消费资料市场则以现场调查为主。

二、现场直接调查

（1）询问法。有个人当面询问、集体座谈询问、电话询问、信函询问等。

（2）观察法。有到销售现场观察、生产现场观察、使用现场和家庭现场观察等。

（3）试验法。向市场投放部分产品进行试销，分析消费者的反应，以检验产品的品种、规格、花色款式是否合适、价格是否适中等。

任务 2 拟写市场预测报告

知识链接

（一）市场预测报告的概念

市场预测报告是一种根据市场调查的资料和信息，对未来一段时间内的市场发展与变化趋势进行科学的预测、分析、判断，得出定性或定量结论，从而提出有针对性的措施或决策的应用文文体。

（二）市场预测报告的种类

（1）按预测范围分，可分为微观市场预测报告与宏观市场预测报告。

（2）按预测方法分，可分成定性预测报告和定量预测报告。

（3）按预测的时间分，可分为短期市场预测报告（一年左右）、中期市场预测报告（两年至五年）和长期市场预测报告（五年以上）。

（4）按照预测空间分，可分为国际市场预测报告、国内市场预测报告、某地区市场预测报告等。

（三）市场预测报告的特点

（1）预见性。市场预测报告是在深入分析市场既往历史和现状的基础上作出的合理判断，目的是将市场需求的不确定性最小化，使预测结果和未来实际情况的偏差概率达到最小化。

（2）科学性。市场预测报告在内容上必须占据充分详实的资料，并运用科学的预测理论和预测方法，以周密的调查研究为基础，充分搜集各种真实可靠的数据资料，这样才能找出预测对象的客观运行规律，得出合乎实际的结论，从而有效地指导人们的实践。

（3）针对性。市场预测选定的预测对象愈明确，收集整理的数据与资料针对性愈强，市场预测报告的现实指导意义就愈大。

（四）市场预测报告的结构和写作要求

1.市场预测报告的结构与写法

（1）标题。

① 单标题一般由预测的范围、对象、时间和文种名称构成。例如，《北京地区 2022—2026 年啤酒需求量的预测》，有时带有整体性的预测，也可省略范围。

② 文章式标题多用"走势""趋势""展望""估计"等词语，甚至不出现推测性词语。例如，《我国电冰箱行业面临的新竞争》。

③ 双行标题采用正、副标题形式，一般正标题表达调查的主题，副标题则具体表明调查的单位或问题。

（2）概要。简要介绍市场预测的背景、缘由、对象、时间，或就预测结论作简单说明。

（3）主体。一般由基本情况、预测分析、结论建议三个部分构成。建议应切实可行，必要时可分条列出。

（4）署名和写作日期。用于报刊发表的报告，署名在标题之下、正文之上的位置，左右居中。

2.市场预测报告的写作要求

（1）切实掌握市场资料。市场资料是市场预测的基础，如果数据不完整、资料残缺不全，必然是"盲人骑瞎马"，报告文字再漂亮也无济于事，甚至会产生错误导向，贻害甚大。

（2）要实事求是。重要的数据要反复核证、测算，做到确凿无误；选材要客观全面，尽可能避免片面性；要注意观点和材料的统一，求得理性认识上的飞跃，并在此基础上有针对性地提出意见和建议。

（3）坚持使用科学的分析方法。市场预测报告重在分析、意在判断。要分析判断，就要注意正确选择运用逻辑推理的科学方法，把定性分析和定量分析结合起来，注重综合，防止片面。

范文简析

范文1

×× 区旅游市场调查与预测调查报告

一、调查区概况与数据收集

（一）×× 区旅游资源概况

×× 拥有十分丰富而又独特的自然和人文旅游资源，旅游开发潜力巨大。×× 是著名的 ×× 市"都市花园"，境内山岳江河，温泉峡谷，溪流瀑布，奇葩异卉，山水幽、险、雄、奇。有 ×××× 等旅游资源 185 处。拥有国家 AAAA 级景区 3 个，国家 AAA 级景区 1 个，国家 AA 级景区 1 个。×× 是 ×× 市的"历史文化名城"，有 ×××× 等文化名人故居等文物景点 104 处。×× 是恐龙之乡，已发掘恐龙化石遗址 13 处。×× 是中国花木之乡和中国腊梅之乡，静观腊梅名扬海外。×× 还是登山健身休闲圣地，长约 10 千米的"M"型 ×× 健身登山梯环道成为 ×× 市民登高健身的胜地。

（二）数据采集

（1）问卷的设计。主要采取问卷调查的方式，调查对象为到 ×× 旅游的游客。问卷主要涉及游客背景、游客地域结构、游客的时间结构等内容。共设计了 20 个问题，其中单项选择问题 11 个，多项选择问题 3 个，开放性问题 2 个，填空题 4 个。

（2）样本的发放与回收。本次问卷调查于 2022 年 4 月 27 日—4 月 29 日进行，分别到 ×× 区车站，以及 ×××× 等地进行了随机抽样调查。

样本数量设计主要根据样本数计算公式获得：$n = 4 \left(\sigma^2 / \beta^2 \right) n$——样本数；$\beta$——允许的误差；$\sigma^2$——母体的均方差，由于母体的均方差不可知，因此运用样本的全距来估算标准差，即 $\sigma \approx$ 全距 /4。经过计算结合实际经验确定调查的样本数为 100，其中发放实地问卷 50 份，网络问卷 50 份，共回收 95 份，回收率为 95%。

二、调查结果分析

（一）游客背景分析

（1）年龄结构分析。通过对 ×× 游客年龄的调查统计，15 ～ 44 岁的中、青年游客所占比重很大，有 80% 以上。而 14 岁以下、45 ～ 65 岁、65 岁以上的游客所占比例很小，不超过10%。

（2）职业结构分析。各个景区的游客，从事职业种类多样，但总体来说，学生较多，占了40%左右。其他的职业如工人、政府工作人员、专业技术人员、商贸人员也占有一定比例，各在10%左右。

（3）游客收入水平。通过抽样调查分析，到××的游客收入在各个水平都有所分布。其中略多一些的是月收入在2 000～4 000元的游客，约占40%。由于调查过程中大部分游客不愿意透漏自己的真实收入水平，因此上述数据真实性有待进一步考量。

（二）游客地域结构分析

来××的游客多为本地游客，包括××区、××市其他主城区以及其他区县等地区，约占全部游客的80%。来自邻省和国内其他省、市、区的游客所占比例很小，都在20%以下，且主要为四川成都、陕西西安等邻近省市的游客。

（三）游客时间结构分析

（1）季节性变化分析。游客都倾向于选择春、夏季到景区游玩，52.6%的游客选择夏季来××避暑消夏，其次是春季。只有10%左右的游客选择冬季旅游。

（2）停留时间分析。有70%左右的游客在景区的停留时间较短，多为当天返还。这说明到××旅游的游客多选择一日游或者两日游。

（四）消费结构分析

通过抽样调查，在××旅游的游客平均每人每天消费主要集中在200元以下，而消费高于200元一天的游客所占比例很小，在15%左右。说明游客在××区的总体消费偏向中等偏低水平。游客在旅游中的消费，用于交通、餐饮、游览、购物的费用占据了总消费的很大份额。用于娱乐和住宿的费用比较少。

三、××区旅游市场预测

（1）旅游者人数预测。旅游者人数预测以2021年为基期，2023年为预测期，通过比率法，根据历史资料和过去的增长率来推算未来预测值，预测公式为：$Q_i = \alpha(1+\beta)i$，公式中，Q_i表示第i年的客源人数规模；α表示预测基年值；β表示年增长率。其中2021年该区接待游客××万人次，年均增长30%，通过公式计算，预计到2023年，旅游接待人次将达到××万以上。

（2）旅游收入预测。旅游收入预测以2021年为基期，2023年为预测期，通过比率法，利用上述公式计算，2021年旅游综合收入××亿元，年均增长近40%，预计到2023年，旅游综合收入将达到××亿元以上。

（3）人均停留时间预测。对于人均停留时间的预测，由于数据采集不当，预测采取估算保守方式，预计主要为一日游或者停留两日，随着住宿业的完善，游客停驻的时间将会延长。

（4）人均旅游消费水平预测。目前人均消费水平200元或以下，但会随着居民的生活水平和收入水平的提高而变化。预计未来是上升的趋势。

四、建议

（1）加强旅游形象宣传力度。根据调查显示，××地区游客多为××本地人，旅游市场距离短，辐射半径较小。针对该问题，笔者认为，应当明确××地区的旅游形象设计，通过网络、电视、杂志等加强宣传力度，或者利用名人代言来提高知名度，从而吸引更多的外地游客。

（2）加强旅游资源的整合，打造精品旅游业。××地区旅游资源种类较多，观赏游憩价值和历史文化科学艺术价值较高，但是由于没有良好的旅游规划，缺乏专业技术工作人员，没有将食、住、行、游、购、娱六大旅游业基本支撑要素进行有效的整合，导致旅游业发展无法形成良好的产业集聚效应。因此，只有加强旅游产品的打造，形成规模集聚效应，才能吸纳更多的旅游业就业人员，产生乘数效应，进而推动旅游收入的快速增长。

简析

该市场预测报告在掌握了大量的市场资料的基础上，对2023年的旅游市场进行了预测，预测结果以具体的数据为依凭，加上对旅游市场的整体把握及专业的分析方法，可信度较高，具有较高的现实指导意义。

范文2

高等教育行业：网络建设呈现新趋势

当前，互联网已经成为高等教育行业的重要组成部分，伴随着网络信息化的迅速发展，越来越多高等教育信息化管理者亟须找到一种可靠的方法与学生、研究人员及教师进行交流。正是因为捕捉到高等教育行业用户这种新的需求，近两年，方案商们开始将业务重点转移向为高等教育行业用户构建一种效率高、可自动优化、高扩展、极其可靠的新型万兆网络解决方案。

一、看网络升级中的商机

对于一家拥有60 000节点，分布于教室、研究设施、宿舍和网吧的国内理工类学校网络研究中心主任李教授而言，这样的规模是一件既让人兴奋，又让其担忧的事实。"令人兴奋的是，我们这样的承载容量可以说是未来的网络将成为中国最大的万兆以太网单一校园网络。然而，同样令人担忧的问题也随之产生，大学现有的千兆以太网因学生人数继续增加已接近临界点，这就影响了网络的性能和可靠性。另一方面，安全也是一个令人关切的问题。这样的开放网络不仅遇到来自互联网蠕虫和病毒的外部攻击，也遭到不曾预料到的内部攻击。这对本已紧张的网络造成了流量负担，特别是在网络运行中心（NOC）的聚集节点和新建的自敬校园。"

实际上，在系统集成商××信息系统工程技术有限公司林总经理看来，李教授遇到的困境并不是一个个案，他介绍道："近两年很多高校行业用户都面临一大挑战，那就是要实现快速网络访问，同时又要保障网络免受计算机病毒和蠕虫等严重影响计算机性能的攻击。事实上，高校行业用户在近两年普遍出现这样的问题，是校园网络升级需求的集中体现。我们也会主动满足他们的需求。"

同时，××信息系统有限公司资深项目经理吴××也认为："高校校园网受制于传统方式管理，基本不能迅速或可靠地根据需要对一些相应的信息做出响应。而校园网内部构建的原有服务器与网络资源的低利用率导致了资源的浪费，以至于在服务需求高峰期的时候，出现了过度配置现象，而剩余的网络容量不仅不能及时满足用户对网络的需求，而且也不能满足所有在安全管控等业务关键性应用的需求。这样就给校园网带来了极大的安全隐患，网络中心管理人员面对的是由不透明的网络连接起来的脆弱的应用孤岛，它们会隐藏有意义的性能信息和诊断信息，让对运行效率的管理控制大打折扣，阻碍服务交付的优化工作。从校园网用户的角度来看，其原有的校园网络不再是可促进业务增长并实现竞争优势最大化的灵活且可靠的骨干网，而是刻板、脆弱、容量固定的网络，对新的需求或需求变动反应迟缓且适应成本高昂，而且学校一旦扩招或者配备新的网络设备，网络压力就会加大，性能就会迅速退化。"

简单地说，现在的高校行业用户就像运营商网络支持的数千名用户一样，高校行业用户的网络需要同样的灵活性、安全性和网上商业公司特别要求的性能服务。面对高校行业用户如此巨大的网络升级需求，众多方案商同样感受到高等教育行业市场显露出的新一轮商机，开始构建新型万兆校园网解决方案。

二、从硬件方案到系统方案

当众多高校还在为其新的网络扩容需求寻找交换机和路由器产品解决方案

时，李教授发现了一个名为新型自动化系统的解决方案。"与其他方案商提供的基于产品端的方案不同，这套方案采用完全分布式硬件和模块化软件，它可以满足我们整个校园网升级的弹性、可扩展性、安全性、线速性能等各种需求。"

李教授的话道出了高校行业用户二次采购升级校园网系统所需要的方案，那就是构建新型万兆校园网络并不仅仅是简单的从千兆到万兆网络硬件产品的更新换代。敢来应对挑战的应是这样的供应商：能够提供真正线速容量和可扩展性来处理未来增加的流量，同时增强整体安全而不影响性能。"只有能够提供这样解决方案的方案商，我们才会去采购他的产品和方案。"也正因为如此，该大学才把注意力转向了该解决方案。

其实，在林××看来，掌握这样新型系统化的解决方案并不困难："无论以前还是将来，高校行业用户对于网络信息化的需求始终是围绕容量、安全、管理三个方向，如果没有快速、可靠以及灵活的网络和管理服务，持续不断地进行服务器优化进而再优化配置给应用和服务就不可能实现。那么，从这一点就可以看到除必备的硬件系统之外的管理软件的重要。它可以使基于策略的自动化管理成为现实。"

确实，新型高校的网络就应用了新型的管理软件，从而解决了网络安全隐患问题。据林××介绍，黑客往往使用恶意流量袭击交换机、路由器，以往普遍校园网都是通过袭击负责监督系统运作的控制处理器（CPU）限制或禁用系统。"在过去，一旦Blaster病毒攻击时，大多数的网络系统都经历了CPU高利用、不稳定、甚至崩溃的境遇。然而，在新方案中，高校行业用户可以利用创新技术保护网络不受攻击。"吴××也表示。

三、专业化打开行业突破口

林××坦言，作为创新的、具自主知识产权的新型平台式的解决方案，他们进入教育行业领域并非一蹴而就，"要把这些创新的先进的解决方案真正实施到受到传统网络和采购习惯制约的高校行业领域，变成能给高校行业用户带来实用价值的解决方案，如果没有很好的行业经验，具备一定的技术能力，有一定的行业积累的方案商是很难深入这一领域的。"

能够将创新的网络升级解决方案快速打开教育行业市场，与方案商长期在该市场中的积累有很大的关系。"教育行业用户所在的环境多数情况下复杂得让人感到无法捉摸。内部系统由于构建时间比较长，而且大多属于阶段性的采购堆积，硬件环境复杂，多数高教行业网络基础设施是由各种虚拟和物理应用构成的异构平台，同时支持多种应用和业务。如果方案商不具备很强的技术能力和很深的行业积累，那么是很难将这些系统进行配置的。"

另一方面，从高校行业用户需求点考虑，方案商为用户提供的二次升级网络方案中应该包括：自动进行管理、优化和修复，从而平稳并灵活地对需求变动和操作环境进行响应，能始终如一地保持高质量的服务水平，能耗低，而且能以最低的成本实现现有资源的最大化利用。这在很大程度上考验了方案商的技术能力和对高校行业信息化领域的理解。

从用户的角度来说，这是一套兼具实用性与高度可扩展服务的动力源泉。正如李教授评价新型自动化系统解决方案时说的那样："自从安装了新型网络解决方案系统，我们就在应用性能方面有了明显的改善，能更快地下载并有更稳定的核心网，我们能将数以千计的学生直接和研究人员连接在同一个系统，而且还会有可利用空间。"

简析

该市场预测报告的预测对象明晰，能紧紧围绕预测对象调查并选取典型的新鲜的第一手资料；引用行业人士的分析与论断结果，观点清晰明确，可信度较高；将高校行业用户与方案商和公司高管的观点放在一起整理分析，保证了资料的完整性，使预测结果和未来实际情况的偏差概率最小化。

模板

_____（标题）

_____

_____（简要介绍市

场预测的背景、缘由、对象、时间，或就预测结论作简单说明）

_____

_____（预测对象的基本情况）

_____

_____（预测分析）

_____（结论建议）

病文诊断

病文

20××年平安快餐店市场预测报告

随着高校的大规模扩招，高校学生的数量大幅度增长，人均生活空间日益缩小，传统的大学生食堂已不能满足大学生餐饮需要。快餐行业在学校周边迅速发展壮大，为了了解我们学校周边平安快餐店的发展状况，特此做一份平安快餐店20××年市场预测报告。

一、现状

（一）平安快餐店环境分析

1. 地理环境

平安快餐店处于××美食城内，距离××大学100米左右。××大学有将近1万名学生，且附近居民区集中。

2. 店面环境

店面规模小，消费场所有局限，无宽敞的地方让消费者在店中用餐，装修简单，但店面干净整洁。店面两旁是快餐店，店面对面是砂锅饭店面。附近还有不少快餐店和面食店，客源量很多，这大大提升了平安快餐店的消费额。

3. 竞争环境

平安快餐店周边有很多快餐店和面食店，竞争非常激烈。其中桂林砂锅饭、波记烧卤饭、广香源烧卤饭、佳和快餐、好又快快餐等是最大的竞争者，其余的快餐店对其影响较小。

（二）平安快餐店的商圈

（1）因平安快餐店附近是××大学，消费者以学生为主，消费金额不高，属于文教区商圈。

（2）以平安快餐店为中心，距离平安快餐店50米为半径画圆，它的周围是××大学及居民住宅区，所以人流量大。但在这个商圈中，也有几家竞争者，如：桂林砂锅饭、波记烧卤饭、广香源烧卤饭、佳和快餐、好又快快餐等。

（三）平安快餐店的经营范围

快餐和砂锅饭。

（四）价格和规格

平安快餐店快餐每份价格主要在 6 ～ 8 元浮动。与其他快餐店对比，它的价格相对合理。学生普遍能接受这样的价格。

（五）平安快餐店内基本信息

一个门面、十几张桌子、一个厨房、两个卖饭窗口、七八名工作人员。

二、预测

（1）随着我校的大规模扩招，我校学生数量的大幅度增长，而且连年扩招使得这一数量继续增加。随着大学生消费水平的逐步提高，我校周边市场潜在的爆发力日益增强，因此，我校周边的饮食业是有一定的潜力的。

（2）高校人流量越来越集中。

（3）饮食业发展呈稳健增长的趋势。

（4）平安快餐店周边可能会有更多快餐店和面食店开张，也可能会有比它更强的竞争对手出现，竞争将会更激烈。

（5）市场原材料价格不断上涨，消费群体不能接受不断上涨的价格。

三、建议

（1）针对不同的季节，推出与本季节相应的产品。

（2）偶尔做一些吸引顾客的活动。

（3）保证原材料来源的可靠性，保证质量。

（4）做相应的宣传，给顾客留下更好的印象，特别是公益性的宣传。

（5）卫生要清洁干净。

（6）做好门面装修，给顾客营造一个良好的就餐环境。

（7）偶尔开出一些优惠价格。

（8）送外卖。

（9）把门面扩大，为消费者提供更多的座位。

四、结尾

每一家快餐店，都有自己的经营目标，都希望把自己的店面经营得更好，随着我校的大规模扩招，我校学生数量大幅度增长，为我们学校周边的平安快餐店的发展提供了更为有利的条件，希望平安快餐店能够提供更适合我们学生的快餐，把食品质量提到更高点，更好地为我们学校的学生服务。

诊断

　　该市场预测报告的预测对象不明晰，也未掌握有价值的市场信息资料，对平安快餐店及其所在商圈的描述随意宽泛，参考及指导价值较低。

拓展

<h3 style="text-align:center">市场调查报告和市场预测报告的区别</h3>

　　1. 写作目的不同

　　市场调查报告的写作目的是指导现实的生产经营活动，提出解决问题的方法和建议；市场预测报告是为了预测未来的变化和发展，寻求企业的生存与发展之路。

　　2. 内容重点不同

　　市场调查报告侧重于调查、反馈市场信息；市场预测报告则侧重于预测、揭示市场趋向，允许有关材料带有主观推测性和不确定性。

　　3. 社会效用不同

　　市场调查报告能对市场经济提供有效的导向作用，对生产经营管理者摄取信息、分析问题、制定决策和编制计划以及控制、协调、监督等方面都起了积极的作用；市场预测报告可以帮助社会组织和企业增强早期报警意识，洞察市场变化趋向，进行生产经营策划，增强市场竞争能力。

　　4. 采用方法不同

　　市场调查的方法很多，经常使用的有问卷调查和实验调查，以求调查的广度和深度；市场预测的方法中最为常见的是定性预测和定量预测。

　　5. 主体部分写法不同

　　市场调查报告的主体部分要有情况、有分析、有建议，材料翔实、观点鲜明、层次清楚。分析是重点，应有详有略，抓住主题，深入分析。市场预测报告的主体部分一般要具体、详细地写出概况、预测、建议三方面的内容。概况部分是预测的基础，预测部分是报告的核心，应尽可能地进行周密的论证分析和思考，增强预测的准确性。建议部分应当具体实在、切实可行。

任务 3　拟写创业计划书

（一）创业计划书的概念

创业计划书是创业者叩响投资者大门的"敲门砖"，是一份全方位的商业计划，用以描述与拟创办企业相关的内外部环境条件和要素特点，为业务的发展提供指示图和衡量业务进展情况的标准。其主要用途是递交给投资商，以便于他们对企业或项目作出评判，从而使企业获得融资。

（二）创业计划书的特点

（1）创新性。创业计划书中，不仅要提出新要求、新技术、新材料、新的营销模式和新的运营思路，更重要的是要把新的东西整合起来。

（2）客观性。创业设想和创业商业模式要建立在大量的、充分的市场调研和客观分析的基础上，这样才具有实战性和可操作性。

（3）可操作性。创业计划书的商业模式是必须能进行实战的，只有在实战中，其预测的价值才能够实现。

（4）增值性。创业计划书必须找到明确的创收点，体现明显的商业价值，体现出创业项目的高回报性。

（三）创业计划书的结构和写作要求

1.创业计划书的结构与写法

创业计划书应包含以下 12 个部分：

（1）封面。封面的设计要有艺术性，一个好的封面会使阅读者产生良好的第一印象。

（2）摘要。摘要要涵盖计划书的要点，要尽量简明、生动，特别要说明自身企业的不同之处以及企业获取成功的市场因素，以便读者能在最短的时间内评审计划并作出判断。

（3）公司介绍。重点介绍公司的理念和如何制定公司的战略目标、公司的管理者及其组织。

（4）行业分析。应该正确评价所选行业的基本特点、竞争状况以及未来的发展趋势等内容。

（5）主要产品和业务范围。应包括产品的概念、性能及特性，产品的市场竞争力、产品的研究和开发过程，发展新产品的计划和成本分析，产品的市场前景预测等。介绍要准确，也要通俗易懂。

（6）组织结构。要对主要管理人员加以阐明，介绍他们所具有的能力，他们在本企业中的职务和责任，他们过去的详细经历及背景。此外，还应对公司结构作简要介绍，包括公司的组织结构图、各部门的功能与责任、各部门的负责人等情况。

（7）市场预测。应包括市场现状综述、市场需求预测、竞争厂商概览、本企业产品的市场地位、目标顾客和目标市场等信息。

（8）营销策略。应包括市场机构和营销渠道的选择、营销队伍和管理、促销计划和广告策略、价格决策等信息。

（9）制造计划。应包括产品制造和技术设备现状、新产品投产计划、技术提升和设备更新的要求、质量控制和质量改进计划等信息。

（10）财务规划。应包括现金流量表、资产负债表以及损益表等信息。

（11）风险与风险管理。应包括公司在市场、竞争和技术方面存在的基本风险、应付风险的措施，公司可能有的附加机会，及在最好和最坏的情形下公司的五年计划等信息。

（12）附录。应包括支持上述信息的资料：管理层简历、销售手册、产品图纸等。

2. 创业计划书的写作要求

（1）结构编排要合理清晰。投资者应当能够很容易在计划书中找到他们所关注问题的答案或特别感兴趣的内容。这就要求创业计划书必须有一个清楚的结构。

（2）表述方式要客观实际。创业计划书要以客观性说服投资者，使投资者有机会仔细地权衡论据是否有说服力。

（3）呈现内容要通俗易懂。只有在极少数情况下，技术专家会详细地评估技术细节、企业蓝图，以及数据。大多数情况下，简单的说明、草图和照片就足够了。如果计划中必须包括产品的技术细节和生产流程，应当把它们放在附录中去。

范文简析

范文 1

创业计划书

项目名称：双星文印社

团队名称：××××

团队负责人：××

团队成员：×××、×××、××

目　录

（具体内容略）

简析

该计划书思路清晰；创业计划的阐述部分要点完整、条理清晰、格式规范、内容全面。

范文 2

创业计划书

目　录

一、项目介绍

蚱蝉，俗称"金蝉""知了""几了"，其末龄若虫又被称为"爬蚱""爬树猴"，属亚纲，同翅目，蝉科。在我国东南西北大部分省区分布广泛。

由于蚱蝉具有丰富的食用、药用价值和独特的文化韵味，我公司将蚱蝉养殖作为重要的投资项目。

（一）食用价值（略）

（二）药用价值（略）

（三）文化韵味

文学名著《西游记》中去西天取经的唐僧，原是"金蝉子"（又称蝉的幼虫长老）转世，唐三藏由蝉的幼虫子转世为真灵东土大唐高僧，喻有"蝉的幼虫脱壳"之意，所以人们将脱壳变身的蝉作为长生、再生的象征，因此，在《西游记》中也有了吃"唐僧肉可以长生不老"的说法。

二、发展前景

由于蚱蝉风味独特，营养丰富，又有良好的保健作用，市场销路好，市场需求量越来越大，价格也越来越高，国内目前市场售价每只0.1～0.3元不等，仅靠野生资源，供求矛盾无法解决，因此人工养殖蚱蝉前景广阔。

人工养蝉，从20世纪90年代初就有人小规模试养，现在大中城市超市中出售的蝉大部分为养殖品，经过几十年的经验积累，人们已经熟练掌握了它们的生活习性，并由过去的自然繁殖生长的3～8年，缩短到8～18个月，但由于一些原因，还没有形成规模的产业化养殖，更没有人推广该项养殖技术。

近年来随着人们生活水平的提高，黄金蝉更是爬上了各大宾馆饭店的餐桌，成了消费者争相品尝的美味菜肴；并被制成了金蝉罐头、软包装食品等出口外销海外。黄金蝉除具备食用价值以外，还具有药用功能。蚱蝉老熟若虫变化为成虫时，羽化蜕除的外壳称蝉蜕，又称"蝉退"或"蝉皮"，其主要成分含甲壳素及蛋白质，味甘、咸、寒，入肺、养肝，是重要的辛凉解表中药。

三、养殖优势

（一）不用投资购买种源，在城郊、农村自己动手，在树林里果园中采集即可。

（二）不用购买养殖设施，室内池养、塑料大棚、果园、树林、庄稼地都能进行养殖，室内池养、塑料大棚的养殖时间为8～12个月，田地中自然养殖18个月方可出售。

（三）不用饲养管理和投喂食物，蝉卵潜在土中，初卵若虫便会吸食庄稼或树根的汁液发育成长。

四、养殖技术

（一）生物学特性

蚱蝉分布地域广，主要栖息在阔叶树上，以杨树、柳树、榆树、桃树、苹果树等居多。3～5年完成1代，雌蝉7～8月产卵，卵产于直径4～7毫米粗的新梢的木质部，每个卵窝产卵6～8粒，1根产卵枝条平均产90粒卵。雌虫以产卵器将已产卵的树枝表皮切开，使产卵树枝枯死，以便树枝落地后埋于土中。

成虫寿命为 60～70 天。蝉卵随枯枝落下入土越冬。翌年 5 月中旬孵化，6 月下旬孵化期结束，卵期接近 300 天。老龄幼虫于 5 月下旬至 8 月下旬从土壤中钻出，爬行到灌木枝条、杂草茎等处，蜕皮羽化为成虫。6 月中旬至 7 月中旬为成虫出现盛期，10 月上旬为末期。羽化为成虫后 20 天交尾产卵，6 月下旬至 8 月下旬为产卵旺期，9 月下旬至 10 月上旬为产卵末期。成虫的死亡期为 11 月上旬。

（二）饲养方法

1. 培植树林（略）

2. 饲养管理

（1）供给优质饲料。

（2）提供良好的环境条件。

（3）构建生产场地。

3. 繁殖技术

（1）卵的采集。

（2）成虫收集。

（3）卵的埋殖。

五、疾病控防

（一）病虫害防治若虫及成虫天敌较多，如蟾蜍、蛇、鼠、刺猬、麻雀及其他鸟类。

（二）白僵菌、绿僵菌和虫草菌（蝉花菌）等微生物。

（三）水灾和农药化肥对若虫或成虫的危害较大。

最重要的季节是树上卵期，"蝉蚁"发生期，老熟若虫出土期。树上卵期和"蝉蚁"发生期的天敌主要是蚂蚁和红色小花椿，防治措施是用强氯精稀释 100 倍的溶液浸带卵的树枝，或用敌敌畏、强氯精等农药进行土壤处理。

六、市场定位

以农村为养殖中心，销往餐饮、食品加工行业的中高档实体。可以小批量生产上市出售，深加工可制成罐头，烘干磨粉后配以辅料制高级食品。

现在蚱蝉的相关研究还仅仅停留在初步阶段，有着广阔的发展空间。可以依托科研院所，对其性能和生物特性加以研究改造，使之更符合人类自身的需要。（具体技术需经过进一步研究后再决定，在此仅指明方向）

七、财政预算

（一）产出预算（略）

（二）投资预算（略）

（三）纯利润（略）

八、人事管理

创业初期尽量从简，日后可进一步根据实际需求来定。

九、致谢

本次创业计划是在 ×× 的领导下，全体组员经集体讨论、分工开展而完成的。感谢李 ×× 老师提供相关的指导意见！因时间仓促，计划难免会有疏漏，敬请批评扶正！

简析

该计划书的写作建立在大量调查研究的基础上，创业项目有较高的商业价值。能围绕项目的关键点及审查者的关注点充分展开，内容客观充实，表述明白晓畅。

模板

_____（标题）

_____（目录）

_____（摘要）

_____（公司介绍）

_____（行业分析）

_____（产品和业务范围）

_____（组织结构）

_____（市场预测）

_____（营销策略）

_____（管理团队与公司结构）

_____（制造计划）

_____（运营计划）

_____（财务计划）

_____（风险与风险管理）

附录：

1. _____（管理层简历）

2. _____（销售手册）

3. _____（产品图纸）

病文诊断

病文

创业计划书

一、市场分析

到目前为止，我国农村居民人均收入仍然保持高速增长，农民的物质生活水平也不断大幅上升。但是，农村家庭对以"地板等其他家装建材"为主要服务对象的家装消费很少。据统计，目前国内农村家庭地板等家装建材的平均拥有量只停留在初级阶段，而国内城镇家庭却争相打造"精装修"居室。据20××年2月21日中国网络电台报道，陕西正在努力加强农村剩余劳动力就业培训和信息服务，提高农民转移就业能力，增加农民工资性收入，力争使全省农民人均纯收入增长幅度达到13%以上。随着人们生活水平提高，对"以地板为主的家装建材"的日益重视，家装建材的加速普及与换代升级必将孵化出惊人的市场推动力，农村家装建材的市场发展前景非常广阔。如今，我国农村家装建材行业已逐渐步入黄金发展阶段，市场需求量年增幅有可能突破20%。

对于地板行业，目前全国生产地板的企业有几千家，主要集中在东北三省、天津、上海、云南、江苏等地，而强化地板生产厂家有近千家。这些企业大多从欧洲引进设备和工艺，其自动化程度较高。我国现今的木地板市场非常活跃，一些大型企业占据了国内地板的主流市场，其他企业也力争打入国内市场。据预测，今后我国木地板市场将保持高水平年增长率，国产化程度也将得到大幅提升。但是部分木板销售人员素质不高，对木地板基本知识了解得不够，且整个行业科研开发滞后，木地板产品功能单一，几年内国产设备仍然难以有突破性的发展。

二、我们的目标

我们的目标是，在20××年与国内地板厂家沟通，发展为市级以上代理商，地板的销售额在200万元以上，20××年达到400万元销售额，2017年达到500万元销售额，利润率保持在30%左右。

三、资金使用

由于本产品农村市场并未普及，所以部分品牌地板、店面开发等费用投入较大，估计需 10 万元。

各种认证、许可证：1 万元。

公司组建、购买相关办公用品、人员招募、公司网站等：5 万元。

房租水电费、人员工资（半年）：10 万元。

广告费：3 万元。

小批量地板成本（5 000 件）：20 ～ 25 万元。

周转资金：20 万元。

合计：74 万元。

四、产品盈利分析

为了节省费用，降低投资风险，先期的小批量地板以低廉进价为主，暂不购买实木地板。产品主要包括：强化地板，复合地板。进价暂定为 20 ～ 40 元，每平方米毛利润为 15 元，估计两年能收回投资成本并稍有盈利。

（以上数据是调查的零配件经销商，还有向下浮动的可能）

五、销售前景

目前农村市场上地板销售商较少，产品销售压力较小。建议利用各地地板批发商或生产厂家现成的销售网络，进行代理销售。目前已与多家商家联系过，初步达成销售意向。

六、地板进价方案

可详细了解各批发商报价或者直接与厂家联系。

七、本项目的未来

由于地板铺设简便，门槛不高，难免被人分割市场。除了加强服务力度，不断提高销售人员对地板的了解也是拓展市场的必要手段。随着产品的升级换代，我们必能牢牢站稳市场。

诊断

该创业计划书对创业项目的描述没有重点，空泛肤浅，对目标市场的调查与分析亦流于形式；计划书中的销售目标、销售前景、竞争对策等要素缺乏实际内容。

拓展

什么样的创业计划书会被扔进垃圾桶

如图 4-1 所示，具有这些缺点的计划书会被扔进垃圾桶：

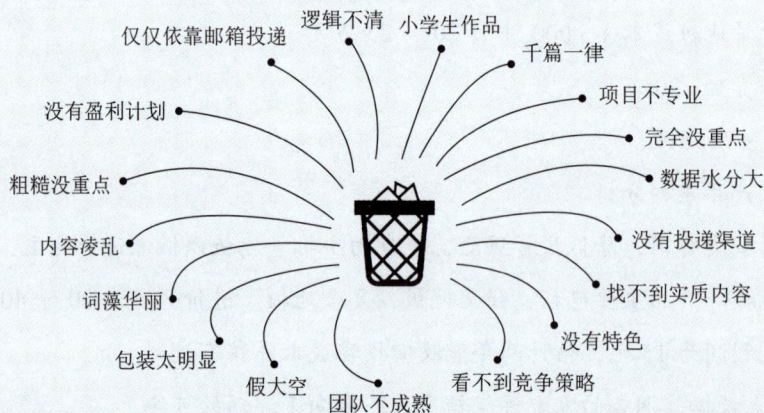

仅仅依靠邮箱投递　逻辑不清　小学生作品　千篇一律

没有盈利计划　项目不专业

粗糙没重点　完全没重点

内容凌乱　数据水分大

词藻华丽　没有投递渠道

包装太明显　找不到实质内容

假大空　没有特色

团队不成熟　看不到竞争策略

图 4-1　被扔掉的创业计划书的缺点

任务 4　拟写商务信函

💡 **知识链接**

（一）商务信函的概念

　　商务信函是企业之间在各种商务场合或商务往来使用的书信。其主要作用是在商务活动中传递商务信息、联系商务事宜、询问和答复问题、处理具体交易事项等。

（二）商务信函的种类

　　商务信函按具体功能可分为：商洽函、询问函、答复函、请求函、告知函、联系函等。

　　商务信函按往来事务可分为：来函、答复函、订货函、任命函、祝贺函、感谢函、介绍函、邀请函、联络函、致歉函、慰问函、吊唁函、推销函等。

（三）商务信函的特点

　　（1）主旨的单一性。商务信函用于处理商务事项，一般要求围绕商务，突出主旨，内容集中单一。

　　（2）地位的平等性。商务信函是两个平等法人之间的往来文书，反映双方平等、互惠互利的关系。商务信函的写作应相互尊重，以礼相待。

　　（3）格式的规范性。商务信函的格式类似于一般的书信，外贸商务信函的格式必须依照国际惯例，在文法和书写格式上要符合对方的语言规范和习惯。

　　（4）回复的时限性。商务信函是一定时限内双方意愿的明确表达，接收对方的信函后必须及时回复。

（四）商务信函的结构与写作要求

　　1. 商务信函的结构和写法

　　商务信函一般由称呼、问候语、正文、结尾、落款等 5 个部分组成。

（1）称呼。称呼写收信人或收信单位的名称。称呼单独成行，顶格书写，称呼后用冒号。

（2）问候语。一般用一两句客气的话表示，如"您好""近来生意可好"等。如果是初次联系，可使用"久仰大名，未请雅教"等用语。如果是回函，可使用"惠书敬悉，不胜感激"等用语表示感谢来函。

（3）正文。正文是商务信函的主要部分，叙述商务往来联系的具体事项，通常包括说明发函的目的、根据、原因等内容。复函要引叙对方来函要点，以示复函的针对性；说明发函事项，一般是根据发函缘由详细地陈述具体事项，或是针对所要商洽的问题或联系事项阐明自己的意见；提出进一步联系的希望、方式和要求。

（4）结尾。写明希望对方答复的要求，如"特此函达，即希函复"，或者写表示祝愿、致敬的话，如"此致敬礼""敬祝健康""顺颂商祺""金安""生意兴隆"等。祝语一般分为两行书写。

（5）落款。署名即写信人签名。以单位名义发出的商务信函，可写单位名称或单位内具体部门名称，也可同时署写信人的姓名。重要的商务信函，为郑重起见，也可加盖公章。日期一般写在署名的下一行或同一行偏右下方位置。商务信函的日期很重要，不要遗漏。

2. 商务信函的写作要求

（1）内容要完整具体。商务信函的内容要具体而且明确，应将何人、何时、何地、何事、何种原因、何种方式等内容完整表达。

（2）语言要准确简洁。商务信函的语言及标点符号的使用应准确无误，避免歧义或者模棱两可。在无损于礼貌的前提下，用尽可能少的文字清楚表达真实的意思。

（3）态度要礼貌坦诚。最重要的礼貌是客气而得体地及时回复对方，坦诚与对方沟通商洽，站在对方的立场来看问题，根据对方的思维方式来表达自己的意愿，只有这样，与对方的沟通才会有成效。

范文简析

范文1

××公司：

多谢9月12日的来信和附件。获悉贵公司有意物色浙江销售商推广教学辅助设备，甚感兴趣。

我公司将于10月2日在××大楼举行的A玩具商品交易会上展示产品，诚邀贵公司派员参观设于46号之摊位。如能安排在非展出时间面谈，烦请电复。定必委派高层管理人员赴会。

顺颂商祺。

××公司营销部

2021年9月13日

简析

本文是一篇商务邀请函，简明陈述了发函的缘由及邀约的具体事项，结构完整，用语得体规范。

范文2

××风景区：

××广播电视台经视频道成长旅行类真人秀栏目——×××××，是一档以少年儿童为主角，以感恩、团结、成长等多重元素构成节目主要内容，让孩子经历不一样的成长的节目。

本期节目拍摄栏目组共有20名小演员（6—12岁）和10名栏目组工作人员，将共同前往××风景区拍摄两期节目。

正式拍摄前会有栏目编导前往景区进行前期考察和选择拍摄场景，4月×日正式拍摄。为保证栏目顺利拍摄需求，我们恳请贵景区给予以下指导与支持：

（1）提供景区门票以及住宿等，以保证摄制组顺利进入旅游景区进行节目拍摄。

（2）派导游1名全程跟随摄制组，以保证节目顺利拍摄。

景区拍摄地将会获得的效益：

（1）全程40分钟的节目拍摄，××广播电视台电视转播（播放范围覆盖全省）以及视频播放平台网络宣传（播放范围覆盖全国）。

（2）××广播电视台少儿俱乐部官方微信同步宣传。

（3）后期网络宣传。利用电视台自媒体微信公众平台的资源对景区进行二次宣传，定期在视频播放平台上传节目视频。

（4）定期组织××广播电视台少儿俱乐部所在家庭前往贵景区开展亲子游等活动，扩大景区影响力。

盼支持为感！

××广播电视台《九个小伙伴》栏目

20××年×月×日

简析

　　本文是一篇联络确认函，围绕联络事宜重点阐述了联络的背景及缘由，并明确表达了恳请支持的意愿。该信函写作态度诚恳务实，语言平实有礼，中心突出，意愿表达坦白直接，符合写作规范。

模板

_____：（称呼）

　　_____（问候语）

　　_____

_____。（发函的目的、根据、原因）

　　_____

_____。（发函事项）_____

_____（进一步联系的希望、方式和要求）。

　　_____（祝颂语）

_____（发函单位或发函人姓名）

_____（发函时间）

病文诊断

病文

××市兴达贸易有限公司：

经我公司有关部门查实：贵公司从我处购买的黄花牌电脑桌出厂时，经质检部门检验全部为优质产品。现你公司反映电脑桌出现接口破裂问题，是由我方工人在出仓时搬运不当造成的。我公司将以最快的速度按实际损失给予无条件赔偿。

××市光明家具有限公司

20××年××月××日

诊断

该答复函的写作存在以下不妥之处：在正文开头部分没有引叙对方来函要点；没有向对方表达诚恳的歉意；没有陈说定损方法及赔付的具体流程；没有表达今后继续合作的真诚意愿；没有写祝颂语。

拓展

商务信函中常用的古语

1. 提称知照语

信笺首行的称呼包括三部分：姓名、称呼和提称知照语。提称知照语因受信人身份的不同而相异，如：

师　长：函丈　专鉴　赐鉴	平　行：大鉴　台鉴　英鉴
宗教界：道鉴　文鉴　清鉴	文教界：道席　清鉴
政　界：钧鉴　勋鉴	军警界：钧鉴　钧座　幕下

部门主管：钧鉴

2. 信末祝颂语

祝颂语也叫颂候语、致敬语，它分为请候语和颂候语两部分。

请候语有：即颂、恭颂、顺颂、敬请和叩请等，其中恭颂、敬请和叩请是对长辈而言的。

请候语之下的颂候语有：

平　行：台安　台祺　大安　　　宗教界：道安　法安

文教界：教安　文祺　道安　　　财经界：商祺　筹安　财安

军政界：政安　勋祺　　　　　　有权责者：钧安　钧祺

3. 正文中的常用套语

台端、阁下——你　　　　　　　尊函、大函、来函——你的来信

领悉、敬悉、收悉——已收到　　顷接——刚收到

承蒙——得到你　　　　　　　　如蒙俯允——如果得到你的答允

兹因——这因为

是项、是日、是次——这一项、这一天、这一次

特此函达——特别写这封信给你　至深感铭——十分感激

任务 5　拟写广告文案

知识链接

（一）广告文案的概念

广告文案是指广告作品中用以表达广告主题和创意的全部语言文字。没有好的创意文案就没有优秀的广告。

（二）广告文案的种类

（1）按媒体的不同，广告文案可以分为：报纸广告文案、杂志广告文案、广播广告文案、电视广告文案、网络广告文案、户外广告文案、其他媒体广告文案等。

（2）按文体的不同，广告文案可以分为：记叙体广告文案、论说体广告文案、说明体广告文案、文艺体广告文案等。

（3）按内容的不同，广告文案可以分为：消费物品类广告文案、生产资料类广告文案、服务娱乐类广告文案、信息产业类广告文案等。

（4）按诉求的不同，广告文案可以分为：理性诉求型广告文案、情感诉求型广告文案、情理交融型广告文案等。

（三）广告文案的特点

（1）真实性。真实是广告文案的生命，没有可信度的文案将毫无生命力，毫无价值。

（2）艺术性。广告文案运用语言艺术表现形式给人以美的享受，同时激发消费者的购买欲望，促进销售。

（3）适应性。广告文案从形式到内容都应适应广告目标、广告策略的规定，适应广告事物、诉求对象、广告媒体的特点以及发布时机的需要。

（4）创新性。有创新的文案才能够引起消费者注意，激起消费者兴趣，诱发消费者欲望，加深消费者记忆，促成消费者行动。

（四）广告文案的结构和写作要求

1. 广告文案的结构与写法

广告文案一般包括标题、正文、广告语、随文四部分。

（1）标题。标题是标明广告主旨和区分不同内容的标志，反映广告的精神和主题。出色的标题不仅能帮助消费者了解广告客体的主旨、内容及独特的个性，还能在瞬间激发消费者的兴趣。

广告文案的标题分为直接标题、间接标题和复合标题三种。

① 直接标题。即以简明的文字表明广告的内容，使人们一看标题就知道广告的信息内涵。例如，"云南国际旅游服务公司为您提供优质服务""今天我要喝——娃哈哈果奶"。

② 间接标题。用富有趣味性和戏剧性的语言抓住人们的好奇心和注意力，吸引人们阅读广告正文。例如，"出门前轻轻一按，回到家有饭有菜"（黄山牌电饭锅）；"老人、女士也能脚下生风"（天津港田牌后四轮驱动助力自行车）。

③ 复合标题。把直接标题和间接标题结合起来，一则广告的标题可以是两行标题也可以是三行标题。例如，"军旗升起的地方"（引标）"——'八一'起义纪念馆"（主标）；"四川特产，口味一流"（引标）；"天府花生"（主标）"越吃越开心"（副标）。

（2）正文。正文是广告文案的主体，包括三个方面内容：首先，对标题提出的商品或其他方面加以说明或解释；其次，具体说明商品或其他方面的细节，让人消除疑虑，这是正文的中心段；最后是结尾，用热情诚恳的语言诱导消费者去购买。

（3）广告语。为了加强公众印象，在广告中长期、反复使用的一种简明扼要的口号性语句就是广告标语，有人称其为广告的"商标"。它可以出现在正文的任何部位，一般情况下，独立于正文之外，作为广告相对独立的一部分。它高度概括，语言凝练，具有很强的号召力。广告语的特点是简洁、整齐、押韵、上口、易记。

（4）随文。又称附文、落款，对广告正文起补充、说明作用。它包括广告单位名称、地址、邮编、电话号码、电报挂号、银行账号、负责人或业务联系人姓名等。

2.广告文案的写作要求

（1）新颖独特。在广告无处不在的今天，要激发人们的兴趣，就要与时俱进，不断创新。任何一个广告文案，人云亦云都会使人感到厌倦。

（2）情趣生动。广告创意要设置优美的意境，将人们带到一个情趣高雅、生动活泼的艺术境界中去。

（3）形象逼真。广告文案需借助画面和声音的运用，调动一切手段，运用一切方法，塑造出活生生的艺术形象，给人们留下过目不忘的深刻印象。

（4）通俗易懂。广告文案的语言要通俗易懂，采用人们喜闻乐见的形式，才能为大众所喜爱和接受。

范文简析

范文1

A饮料平面广告文案

广告语：轻松能量来自A饮料

标题：还在用这种方法提神

正文：都新世纪了，怎么还在用这一杯苦咖啡来提神？你知道吗？还有更好的方式来帮助你唤起精神：全新上市的强化型A功能饮料富含氨基酸、维生素等多种营养成分，更添加了8倍牛磺酸，能有效激活脑细胞，缓解视觉疲劳，不仅可以提神醒脑，更能加倍呵护你的身体，令你随时拥有敏锐的判断力，提高工作效率。

迅速抗疲劳，激活脑细胞。

简析

广告诉求清晰明确，能迅速唤起消费者的消费需求；语言简洁明快，直奔主题，将A饮料的形象深植人心；与苦咖啡相比照，将A饮料的提神功能予以突出，广告效果非常好。

范文 2

B 脆鲜菜果蔬脆片

正文：在你品尝过各种零食之后……

甜的、咸的、酸的东西，想必你吃过不少，很容易腻，是不是？

现在，我们把苹果、菠萝、香蕉，还有刀豆、黄瓜、胡萝卜、土豆等制成原色原味、香脆可口的新款小零食。

这就是来自阳光下的 B 脆鲜菜果蔬脆片，25 克 B 脆鲜菜果蔬脆片中就有 250 克新鲜果蔬的营养，对不喜欢吃蔬菜的孩子来说是最好的补充营养的方式，从今天起，还有一周的免费品尝活动，在各大食品店举行呢，注意，不要错过哦。

简析

这则电视广告文案将 B 脆果蔬脆片进行市场细分，划入小零食一类。突出强调此种零食的新鲜、营养和美味，将吃果蔬脆片和给孩子进行营养补充联系在一起，突出了卖点，增强了此款零食的竞争力，主题鲜明，便于流传记忆；阳光快乐的女主角和调皮可爱的孩子们在一起享用果蔬脆片的画面让人们印象深刻，充满喜悦之情，极富感染力。

模板

_____（标题）

_____（正文）

_____（广告语）

_____（随文）

病文诊断

病文

配音：

嗓子干痒，得吃草；

嗓子痛，还得吃草；

草珊瑚含片，新款！

C牌的，含着真舒服！

新款，C牌草珊瑚含片！

诊断

　　草珊瑚含片味道微甜，口感柔和，气味清香，从气质上来看是清新的，而这位明星代言人的幽默、贫嘴与产品的调性出入较大。同时，广告片单一、呆板的画面及"吃草"的创意又没有将这位幽默明星的特长进行有效发挥。可以说，此广告既选错了代言人，又选错了创意。

拓展

怎样修改完善广告文案

一、内容方面

1. 是否准确地传达了广告创意核心和主要信息？

2. 内容的逻辑关系是否清楚？

3. 内容的主次顺序是否与广告策略相吻合？

二、结构方面

1. 标题是否与正文贯通？

2. 正文的布局是否合理？

3. 广告语写进文案了吗？

三、文案与媒介特性的配合

1. 是否考虑到了在什么样的媒介上传播？

2. 如果是印刷媒介，与媒介计划中的广告篇幅相比，是否过长或过短？

3. 如果是广播广告文案，与媒介计划中的广告时间相比，是否适当？是否考虑到了文案与音乐、音响的配合？语言是不是适合广播？

4. 如果是电视广告文案，是否考虑到了文案与画面、音乐、音响的配合？语言是不是符合观众的收视习惯？

四、文案的风格方面

1. 风格是不是适合广告的创意核心和执行点子？

2. 风格是否符合观众的阅听习惯？

3. 风格是否符合广告发布地区的文化背景、风俗习惯？

五、写作技巧方面

1. 是否缺乏写作技巧？

2. 是否过多地使用了写作技巧？

3. 是否使用了受众难以接受的技巧？

4. 是否因为使用技巧掩盖了文案需要传达的广告信息？

任务 6　拟写合同

知识链接

（一）合同的概念

《中华人民共和国民法典》第四百六十四条规定："合同是民事主体之间设立、变更、终止民事法律关系的协议。"

（二）合同的种类

《中华人民共和国民法典》第三编第二分编中，定义了 19 种典型合同。分别为：买卖合同；供用电、水、气、热力合同；赠与合同；借款合同；保证合同；租赁合同；融资租赁合同；保理合同；承揽合同；建设工程合同；运输合同；技术合同；保管合同；仓储合同；委托合同；物业服务合同；行纪合同；中介合同；合伙合同。

（三）合同的特点

（1）合法性。合同要求按国家的法令、政策签订，签订后即具有法律效力，受到国家法律的承认和保护。

（2）规范性。合同的内容、格式及语言表述方式都必须遵守国家有关法律法规的规定，否则容易引起纠纷。

（3）平等性。签订合同的双方，不论单位大小、级别高低，其法律地位是平等的。

（4）协议性。合同中的所有条款是双方共同协商确定的。任何一方不能把自己的意志强加给对方；任何一方不得单方面变更或解除合同。

（四）合同的结构和写作要求

1. 合同的结构和写法

（1）标题。合同的标题应明确标出合同的性质，也可在标题中加入单位名称、标的、适用时限等信息。

（2）当事人名称。写明签订合同的双方当事人的名称（要使用全称），单位之间签订的合同，还要注明签约代表的姓名。为了主体部分行文方便，可设定简称，如"甲方""乙方"或"买方""卖方"等。

（3）主体。主体包括前言和合同内容两个部分。

① 前言：写明订立合同的目的、根据、原则、背景。

② 合同内容：即合同的具体条款，条款要完备、齐全，表述要准确、具体。《中华人民共和国民法典》第四百七十条规定，"合同的内容由当事人约定，一般包括下列条款：当事人的姓名或者名称和住所；标的；数量；质量；价款或者报酬；履行期限、地点和方式；违约责任；解决争议的方法。"

（4）结尾。结尾包括四个方面：一是合同附件；二是合同的有效期限；三是合同一式几份，交由谁保管；四是订立合同的当事人的签名、盖章及签订的年、月、日。

2. 合同的写作要求

（1）合同的内容必须合法。内容必须符合国家有关法律、法规和有关职能部门或行业的管理规定，必须是当事人意愿的共同体现。

（2）合同的条款要齐全、完备。

（3）合同的语言要准确、严密、简练，没有歧义，以免造成不必要的争执和纠纷。

（4）合同的格式要规范。

范文简析

范文 1

个人房屋租赁合同

甲方：＿＿＿＿＿＿（出租方）

乙方：＿＿＿＿＿＿（求租方）

双方就乙方租赁甲方房屋一事，经协商达成如下协议：

第一条 出租房屋的坐落位置、面积以及其他情况

1. 本合同所出租房屋坐落在 ___ 市 ___ 区 _____ 号。（该房屋租赁合同和协议不足部分可以补充）

2. 房屋的建筑面积 ___ 平方米、使用面积 ___ 平方米。（该房屋租赁合同和协议不足部分可以补充）

3. 所出租房屋的房屋产权编号：_____。

第二条 房屋内部的装修情况及主要设备

（该房屋租赁合同和协议需要写明屋内的装修情况及主要设备情况，如：房屋为简易装修，其内设备为 ×××）

第三条 房屋租赁的期限

租赁期限为 ___（月/年）。从 ___ 年 ___ 月 ___ 日起至 ___ 年 ___ 月 ___ 日止。

租赁期限届满前 ___ 天，如乙方需要继续承租，需要向甲方提出，由甲方决定是否继续续签合同。

租赁期限内，如甲方出卖房屋，应提前 ___ 天通知乙方，乙方在接到通知后 ___ 天内决定是否行使优先购买权。如乙方逾期不予答复，那么视为其放弃该权利。

（该房屋租赁合同和协议租赁的租赁情况至少为一年，具体情况可以适当变通）

第四条 租金及其交纳方式

每月租金 ___ 元，大写 _____。

租金按月交付。合同签订后乙方应向甲方支付第一季度的租金。以后每月 ___ 日前乙方向甲方支付下个季度的租金。

（该房屋租赁合同付款方式每季度付一次，也可以根据具体情况变通）

第五条 押金

押金 ___ 元，大写 _____。该押金用于保障房屋内的设备完好，如出现设备损坏的现象，甲方有权按照市场价格扣除相应的赔偿款。如合同期满，乙方没有损害房屋内的设备，则甲方应该在合同期满日如数退还。

第六条 房屋修缮和装修

甲方应保证房屋符合合同约定的使用用途，保证正常的水电供应，如出现漏水、墙面自然脱落、水电无法正常供应等对乙方正常使用房屋具有影响的情形，甲方应在接到乙方通知的 ___ 天之内予以解决。否则乙方有权提前解除合同，并有权要求甲方支付违约金。

乙方在使用过程中，不得擅自改变房屋的结构和装修情况，否则视为违约，应向甲方支付违约金。

（该房屋租房合同和协议规定如有人为的破坏由求租房负责维修）

第七条　房屋出卖

租赁期间如甲方出卖房屋，乙方又不愿意购买，则甲方应保证乙方可以继续租赁，直至租赁期间届满。

（该房屋租赁合同和协议规定如果甲方紧急需要出卖房屋，具体解决办法可以协商）

第八条　违约责任

1. 租赁期间内，乙方不得有下列行为，否则甲方有权解除合同，收回房屋，并有权依据本协议要求乙方承担违约责任。

（1）擅自将房屋转租、转让、转借的；

（2）利用承租房屋进行非法活动，损害公共利益的；

（3）拖欠租金 __ 月。

2. 乙方逾期交付租金，除仍应补交租金外，还应按拖欠天数支付违约金，每天违约金的标准为：拖欠租金的 __%。

3. 乙方擅自转租、转让、转借的，应支付 __ 月的租金作为违约金。

4. 一方如果具有合同约定的其他违约行为，违约方除应向守约方赔偿因其违约造成的损失外，还应该支付 __ 元违约金。

（该房屋租赁合同和协议规定如果乙方由于特殊原因需要转租，需要事先和甲方打招呼）

第九条　优先承租权

租赁期间届满后，如甲方继续出租房屋，则乙方在同等条件下享有优先承租权。如租赁期间届满后，乙方确实无法找到房屋，甲方应给予一个月的宽限期，宽限期的房租与约定的房租一样。

第十条　免责条件

因不可抗力或政府行为导致合同无法履行时，双方互补承担责任。实际租金按入住天数计算，多退少补。（该房屋租赁合同和协议规定具体情况可以协商）

第十一条　争议解决的方式

合同在履行过程中如发生争议，应由双方先行友好协商；如协商不成时，可以向房屋所在地人民法院提起诉讼。

第十二条 合同自双方签字之日起生效。一式三份，双方各执一份，报房管部门备案一份。

第十三条 房屋产权证复印件、甲乙方双方身份证的复印件为本合同附件。附随合同之后。

出租方：　　　　　　　　　　　　求租方：

电话：××××××××××　　　　电话：××××××××××

地址：　　　　　　　　　　　　　地址：

20××年××月××日　　　　　　　20××年××月××日

简析

该合同范本严格按照《中华人民共和国民法典》的要求拟定，格式规范、条款齐备，语言准确简练。

范文 2

采购合同

合同号 No.＿＿＿＿＿＿＿

甲方：××××餐饮投资有限公司　　　（以下简称甲方）

乙方：＿＿＿＿＿＿＿＿＿＿＿＿＿＿　　（以下简称乙方）

签订地点：＿＿＿＿＿＿＿＿＿＿＿＿＿＿＿＿＿＿＿＿＿＿＿

签订时间：20××年××月××日

甲、乙双方本着平等、互惠互利原则，经协商一致，签订此采购合同。

一、合作关系

甲、乙双方自协议签订之日起形成供需合作伙伴关系：

1. 乙方所供产品，必须符合产品质量标准，如出现产品质量问题，乙方应无条件给予退货或换货，并在规定时间内送至酒店。

2. 乙方按甲方所需原材料产品品种、规格、数量，按照甲方要求准时送至甲方指定位置。

二、甲方所需求的产品品种、规格型号、数量、单价及金额（见合同附件）

附件具有同等法律效力，价格由甲乙双方协商后定价，每半个月进行询价后与乙方定一次价，定价的方案由双方签字确认，作为支付下一次货款的依据。其中因外界因素（如：天气），需要临时调价的提前填写《调价通知单》，否则按合同中双方所默认价格内容支付货款。合同附件中定价的品种和种类价格，以到岸价为准。

三、送货日期

自合同签订之日起，酒店正常运营之后，每天晚上由采购部与供应商确认第二天要送的菜品，供应商应按时、按质、按量送至厨房部，经厨房部验收质量合格，财务部稽核、会计验收数量到位。

四、送货质量

乙方送的所有原材料，必须确保其质量，如发现一批货中掺有假货、非甲方确认的残次品等质量问题，即扣除涉及金额的三倍作为违约金，并立即取消合作。为了保证原材料质量，必须定期提供由省级以上资质出具的检验报告。

五、付款方式

账期为 15 天，乙方凭经甲方厨房部、财务部稽核确认签字后的单据，于每月 10 日和 25 日（遇节假日顺延）结算货款，货款结算以甲方稽核会计稽核的数量为准，乙方当次结算的货款必须送交税务机关认可的正式发票，否则甲方不予以支付货款。乙方以最近一次的货款作为质保金，作为日后进行调货、确保质量的依据。

签订合同时，乙方必须提供相应的资质及证件：营业执照副本、组织机构代码、税务登记证。

六、运费

乙方负责全程运费。

七、乙方违约责任

1. 正式营业后，乙方如不能按照合同规定的时间及时送货的，每超过规定时间的十分钟后还未到达酒店，应向甲方偿付不能送货部分货款的价值两倍的违约金，并赔偿由此而给甲方造成的损失费用。如有提前通知甲方，告知其送货延时原因，甲方将以口头警告的形式告知乙方，警告三次以上，通知乙方进行面谈。

2. 因乙方提供甲方的产品质量问题导致甲方客户投诉，造成甲方损失的，甲方对其有形损失（费用、索赔）及无形损失（公司信誉）进行核算后，以书面形式通知乙方，经乙方对质量问题确认后从乙方货款中扣除，如乙方对质量问题有异议，可提交合同签订所在地相关部门进行质量鉴定。

八、甲方违约责任

甲方如不能按合同规定付款期支付乙方货款，须事先与乙方联系，说明原因及解决方案。获得乙方同意后，可延期支付款项。如甲方不能按合同规定付款期支付乙方货款且没有获得乙方同意，甲方应向乙方支付逾期付款违约金，违约金按逾期付款全额同期人民银行贷款利率计算。

九、供货原则

供应商与甲方任何部门、人员有商业贿赂行为，一经核实，立即扣除供应商全部剩余账期内全部货款，同时解除合同。

十、保密条款

1. 在未取得双方事先许可的情况下，不得将本协议内容向第三方公开或泄露。

2. 乙方从甲方得到的采购信息，未经甲方同意，乙方不得向第三者转让、公开、泄露或被使用。

十一、合同解除

乙方有以下任何事项时，甲方不需要任何通知，可马上解除本合同：

1. 违反本合同条款约定的行为或事实时。

2. 在供应期间内，不能满足甲方数量及品质要求，无力供应时。

3. 被政府机关停止或取消营业资格给予处分时。

十二、合同纠纷解决

甲、乙双方之间产生有关本合同的一切纠纷，双方应通过友好协商解决，如果协商不能解决，双方当事人可向合同签订地人民法院提出诉讼。

十三、合同所有附件是本合同不可分割的组成部分，具有同等法律效力。

本合同未尽事宜，应由双方共同协商，作为补充合同，补充合同与本合同具有同等效力。

甲　　方	乙　　方
单位名称（盖章）：	单位名称（盖章）：
单位地址：	单位地址：
邮政编码：	邮政编码：
法定代表人：	法定代表人：
委托代理人：	委托代理人：
电　　话：	电　　话：
传　　真：	传　　真：
开 户 行：	开 户 行：
账　　号：	账　　号：
税　　号：	税　　号：

简析

该合同条款齐备、格式规范，在双方协商一致的基础上，清晰准确地界定了双方的权利义务关系。

模板

_____（标题）

甲方：_____（当事人名称）

乙方：_____（当事人名称）

为了_____，根据_____的规定，经双方充分协商，特订立本合同，以便共同遵守。（订立合同的目的、根据、原则、背景）

一、_____（标的）

二、_____（数量）

三、_____（质量）

四、_____（价款或者报酬）

五、_____（履行期限、地点和方式）

六、_____（违约责任）

七、_____（免责条件）

八、_____（解决争议的方法）

九、_____（其他约定事宜）

甲方：_____（当事人签章）　　　乙方：_____（当事人签章）

法定代表人：_____　　法定代表人：_____

委托代理人：_____　　委托代理人：_____

地址：_____　　地址：_____

开户银行：_____　　开户银行：_____

账号：_____　　账号：_____

电话：_____　　电话：_____

签约地点：_____　　签约时间：_____

病文诊断

病文

双赢协议

甲方：张××

乙方：宋×

为了促进共同发展，甲乙双方协商如下几点：

一、初步计划甲乙双方各投资金为三十万元，合计六十万元整，用于生产产品。后续如果涉及增加资金投入，未经过一方同意，一方的控股不能超过另一方（计量方法为五五投资）。

二、产品项目目前两项为控制器（带遥控功能）和灯座。

三、甲方原有电子器件可以在利用以上产品生产，按进货清单数量统计转换成公共资产。双方一同盘点合计金额为人民币（整）作为公用财产。

四、合作期间产生属于公用费用且实报实销超过五百元以上的消费必须带有普通收据方便做账。一经发现谎报账单吃供应商回扣的情况，要立即解除合作协议并追究法律责任。

五、合作期间所收入利润为每年12月份统计完成，在新一年的1月1日分给双方。投资总资金算为一百股，按照双方各自所占的股份比例分红。后续生产需要，甲方如果有涉及，有必要全天制生产管理，按当地中下水平发放工资。

六、本协议有效期为十五年。如果途中双方同步解约，则双方共同承担损失的费用（费用按各自股份比例承担）。

七、如甲乙双方其中一方途中申请解约或违约，必须一次性支付对方投入的总资金和每个月总资金的1.2%的经济损失费（包括当年所得的分红）。（解约或违约方要承担余料和后续收尾工作）

八、本协议公正公平，具有法律责任，请甲乙双方认真阅读清楚再签名，协议书一式二份，甲乙双方各执一份，当为存照，即日生效。

甲方：

乙方：

中证：

年　　月　　日立

诊断

该合同订立双方的主体情况不够明晰；合同名称为"双赢协议"，法律上无此名称；双方的投资日期未约定；部分语言太直白，且语句不通，不能体现合同的严谨性、专业性；排版混乱；无详细的违约条款。

拓展

修改、审查合同的要点与方法

一、必须认真了解对方当事人的情况

包括：对方公司是否具有法人资格、有无经营权、有无履约能力、其资信情况如何、对方签约人是否法定代表人或法人代理人及其代理权限。签订合同前，应审查合同对方的营业执照或工商登记资料原件，并保留加盖对方有效公章的该原件复印件一份。

二、合同双方当事人权利、义务的规定必须明确、具体，文字表达要清楚、准确

合同应包括的主要内容为：

（1）首部部分。注意写明当事人双方的全称、住所和法定代表人及其职务。

（2）正文部分。当事人的姓名或者名称和住所；标的；数量；质量；价款或者报酬；履行期限、地点和方式；违约责任；解决争议的方法。

（3）结尾部分。应注意：双方都必须使用合格公章或合同专用章，不得使用财务章或部门章等不合格印章；注明合同的签约时间和签约地点。

三、合同纠纷的解决

对于合同纠纷，当事人可以通过下列途径解决：

1. 和解。和解是由争议各方根据合同约定的违约责任和各方实际情况，自行协商而不需通过司法程序解决纠纷的方式。和解是常见的解决纠纷的方式。

2. 调解。调解是由争议各方选择信任的第三方居中，就合同争议进行调解处理。调解通常是以各方互谅互让为原则进行的。

3. 仲裁。仲裁指争议各方根据合同中的仲裁条款或者纠纷发生以后达成的仲裁协议，将争议提交法定的仲裁机构，由仲裁机构依据仲裁规则居间进行居

中调解，依法做出裁定的方式。

4. 诉讼。诉讼是解决合同争议的最后方式。诉讼是指人民法院根据争议双方的请求、事实和法律，依法做出裁判，藉此解决争议的方式。当事人没有订立仲裁协议或者仲裁协议无效的，可以向人民法院起诉。

四、审查合同的风险防范

（1）合同的合法性。包括：当事人有无签订、履行该合同的权利能力和行为能力；合同内容是否符合国家法律、法规、政策等规定；当事人的意思表示是否真实、一致；权利、义务是否平等；订约程序是否符合法律规定。

（2）合同的严密性。包括：合同应具备的条款是否齐全；当事人双方的权利、义务是否具体、明确；文字表述是否确切无误。

（3）合同的可行性。包括：当事人双方特别是对方是否具备履行合同的能力、条件；可能承担的法律风险；合同非正常履行时可能遭受的经济损失。

"合同"微课

任务 7　拟写经济诉状

💡 知识链接

（一）经济诉状的概念

经济诉状又称经济纠纷起诉状，是经济纠纷案件的原告认为自己的权益受到侵犯而向法院陈述纠纷事实、阐明起诉理由、提出诉讼请求的书状。它属于民事诉状。

（二）经济诉状的特点

（1）请求的诉讼性。任何国家机关、社会团体、企事业单位和公民个人或其法定代理人向人民法院递交经济诉状，便是提出了诉讼请求。

（2）适用范围的特定性。经济诉状针对的是归人民法院管辖而未被审理过的案件。

（3）处理案件的参证性。经济诉状本身就是处理案件时的证据。

（三）经济诉状的结构和写作要求

1.经济诉状的结构和写法

经济诉状一般由以下七部分内容构成：

（1）标题。要标明"经济纠纷起诉状"或"起诉状"。

（2）状头。即当事人的基本情况，包括原告人和被告人的基本情况。基本情况包括单位的全称、性质、所在地、法定代表人姓名、职务、开户银行及账号；有诉讼代理人时，应写明代理人的姓名和所在单位、代理权限和其他情况。

（3）案由或事由。即概括写明因何事起诉。

（4）诉讼请求。即概括请求人民法院依法裁决的具体事项，或诉讼要达到的最终目的。

（5）事实和理由。这部分是起诉状的核心部分，它关系到人民法院是否受理此案。这部分内容主要包括事实经过、证据、理由和法律依据。

（6）结尾。结尾内容要求按信函格式写："此致""××××人民法院"；起诉人签名或盖章；写明年、月、日。

（7）附项。起诉状最后一页的左下角写附项，包括：本状副本份数，物证件数，书证件数等。

2.经济诉状的写作要求

（1）提出请求事实要具体、全面，不得笼统或含糊不清，数字必须准确无误。

（2）诉讼理由要建立在确实充分的证据和明确清楚的事实基础之上，说清楚案件事实与理由之间存在的因果关系。引用的法律条文要准确、完备。

（3）注意人称的一致性。在陈述事实与理由时，叙述的人称要前后一致，如用第三人称时就要称原告与被告。

（4）语言要准确、严谨，表述富有逻辑性。

范文简析

范文1

起诉状

原告人：××市××区××公司

地址：××市××区××路×号

法人代表：×××，系公司经理

被告人：××市××区××商店

地址：××市××区××大街×号

法人代表：×××，系商店经理

案由：追索货款，赔偿损失

诉讼请求：

1.责令被告偿还原告货款3万元。

2.责令被告赔偿拖欠原告货款3个月的利息损失。

3.责令被告赔偿原告提起诉讼而产生的一切损失，包括诉讼费、律师费等。

诉讼事实和理由：

原告和被告2021年10月18日商定，被告从原告处购进××酒200箱，价值人民币3万元。原告于当年10月19日将200箱××酒用车送至被告处，被告立即开出 3 万元的转账支票交付原告，原告在收到支票的第二天去银行转账时，被告开户银行告知原告，被告账户上存款只有 1.2 万余元，不足清偿货款。由于被告透支，支票被银行退回。当原告再次找被告索要货款时，被告无理拒付。后来原告多次找被告交涉，均被被告以经理不在为由拒之门外。

根据《中华人民共和国民法典》第六百七十一条和第六百七十六条的规定，被告应当承担民事责任，原告有权要求被告偿付货款，并赔偿由于被告拖欠贷款而给原告带来的一切经济损失。

证据和证据来源：

1. 被告收到货后签收的收条 1 份

2. 银行退回的被告方开的支票 1 张

3. 法院和律师事务所的收费收据 × 张

此致

×× 区人民法院

起诉人：×× 市 ×× 区 ×× 公司（公章）

2021 年 11 月 20 日

附：1. 本状副本 1 份

2. 书证 × 份

简析

该起诉状格式规范、内容完整，诉求表达清晰具体，对事实及理由的陈述简洁、全面、有条理。

范文 2

民事起诉状

原告：张 ××，男，汉族，1978 年 ×× 月 ×× 日生（代理人）

被告：A 公司，法定代表人：×××

诉讼请求：

1. 判令被告向原告支付加工费 28 452 元。

2. 判令被告从起诉之日起至人民法院判决被告具体支付之日止，按人民银行同期贷款利率向原告支付逾期付款的利息 266 元（暂计 2 个月）；以上合计 28 718 元。

3.本案诉讼费由被告承担。

事实与理由：

2021年×月至2021年×月间，被告委托原告加工一批五金制品，原告按照被告要求加工完毕并交付予被告，但被告拖欠加工费8万余元，经原告多次催收，已支付55 000元加工费，尚欠28 452元加工费拒绝支付至今。原告认为，原被告之间的加工承揽合同关系合法有效，应受法律保护。原告依约履行加工和送货义务后，被告应履行自己的付款义务。被告拖欠加工费的行为已经构成违约，严重损害了原告的合法权益。

原告的请求既有事实依据也有法律依据，理由充分，人民法院应予支持。原告为了维护自身的合法权益，根据《中华人民共和国民事诉讼法》的相关规定，诉至贵院，恳请贵院查明事实，依法判决。

此致

××人民法院

起诉人：×××

2021年××月××日

附：1.本状副本1份

　　2.书证×份

简析

本诉状格式规范，内容完整，叙述事实简洁清晰，能依据相关法律条文提出有理有据的诉讼请求。

模板

_____（标题）

原告：姓名_____　　身份证号_____　　住址_____

被告：姓名_____　　身份证号_____　　住址_____

_____

_____（案由或事由）

诉讼请求：

    1. _____

    2. _____

事实和理由：

    1. _____

    2. _____

证据和证据来源：

    1. _____

    2. _____

此致

_____人民法院

原告：_____

____年__月__日

病文诊断

病文

民事起诉状

原告：××市 A 信贷公司（以下称信贷公司）

被告：××市农业用品展销厅（以下称展销厅）

被告：B 汽车配件公司（以下称配件公司）

请求事项：

1. 被告偿还借款 18 万元。

2. 被告补还原告借款 30 万元的利息及逾期罚息（2021 年 1 月 21 日起至偿还借款日止）。

3. 诉讼费用由被告承担。

事实和理由：

2021 年 1 月 17 日，被告展销厅为购买农用三轮摩托车，与原告信贷公司签订了一份借款合同。该合同约定：信贷公司借给展销厅人民币 30 万元用于购进农用三轮摩托车，期限为 3 个月，利息按月息 11.2‰利率计收。被告宏光配件公司作为被告展销厅的借款保证人，出具了借款担保。合同签订后，原告信贷公司按约将 30 万元借款发放给被告展销厅。被告用该笔借款大部分购买了农用三轮摩托车，其余借款挪作他用。借款期满时，被告展销厅归还了 12 万元整，剩余欠款及利息迟迟不还。原告曾多次找被告展销厅及配件公司要求还款，均无结果。

鉴于以上事实，原告认为借款合同一经签订，即具有法律约束力，借款双方均应严格遵守。被告展销厅应按合同约定履行义务。同时，在被告展销厅不履行其还款义务时，被告配件公司作为保证人应负连带还款责任。

此致

××市人民法院

起诉人：××市 A 信贷公司（公章）

2021 年 9 月 9 日

诊断

此诉状状头部分信息不全，请求事项的描述不够准确具体，事实理由部分对事实经过的叙述不够完整清晰，也未提供具体证据并引用相关法律条文支持自己的诉讼请求。

拓展

拟写经济纠纷起诉状时需要注意的事项

一、明确为什么起诉

起诉的原因直接决定了案件的类型，明确为什么要起诉，才能明确起诉的目的和所要达到的诉讼结果。

二、掌握相关法律规定

要用"法律武器"保护自己，打官司要"以事实为根据，以法律为准绳"。这里所提到的"法律"，既包括如《中华人民共和国民法典》这样的实体法，也包括《中华人民共和国民事诉讼法》这样的程序法。

三、巧妙提出诉讼请求

（1）诉讼请求的提出要与诉状中"事实和理由"部分相一致。诉讼请求是在分析研究案件事实和法律规定的基础上高度概括提出的，提出诉讼请求时的用词一定要严谨、精练、准确，既要把请求表达清楚，又要"惜墨如金"。请求的内容要有具体事实和法律规定的支持。

（2）诉讼请求的确立原则是要追求诉讼利益的最大化，有些案件虽然通过诉讼胜诉了，但因为诉讼请求没有实现利益最大化，以后会给当事人带来很多麻烦或不利。

附　录

1. 国家主席习近平发表二〇二二年新年贺词

大家好，2022 年即将到来。我在北京向大家致以新年祝福！

回首这一年，意义非凡。我们亲历了党和国家历史上具有里程碑意义的大事。"两个一百年"奋斗目标历史交汇，我们开启了全面建设社会主义现代化国家新征程，正昂首阔步行进在实现中华民族伟大复兴的道路上。

从年头到年尾，农田、企业、社区、学校、医院、军营、科研院所……大家忙了一整年，付出了，奉献了，也收获了。在飞逝的时光里，我们看到的、感悟到的中国，是一个坚韧不拔、欣欣向荣的中国。这里有可亲可敬的人民，有日新月异的发展，有赓续传承的事业。

七月一日，我们隆重庆祝中国共产党成立一百周年。站在天安门城楼上感慨系之，历史征程风云激荡，中国共产党人带领亿万人民经千难而百折不挠、历万险而矢志不渝，成就了百年大党的恢宏气象。不忘初心，方得始终。我们唯有踔厉奋发、笃行不怠，方能不负历史、不负时代、不负人民。

党的十九届六中全会通过了党的第三个历史决议。百年成就使人振奋，百年经验给人启迪。我曾谈到当年毛主席与黄炎培先生的"窑洞对"，我们只有勇于自我革命才能赢得历史主动。中华民族伟大复兴绝不是轻轻松松、敲锣打鼓就能实现的，也绝不是一马平川、朝夕之间就能到达的。我们要常怀远虑、居安思危，保持战略定力和耐心，"致广大而尽精微"。

大国之大，也有大国之重。千头万绪的事，说到底是千家万户的事。我调研了一些地方，看了听了不少情况，很有启发和收获。每到群众家中，常会问一问，还有什么困难，父老乡亲的话我都记在心里。

民之所忧，我必念之；民之所盼，我必行之。我也是从农村出来的，对贫困有着切身感受。经过一代代接续努力，以前贫困的人们，现在也能吃饱肚子、穿暖衣裳，有学上、有房住、有医保。全面小康、摆脱贫困是我们党给人民的交代，也是对世界的贡献。让大家过上更好的生活，我们不能满足于眼前的成绩，还有很长的路要走。

黄河安澜是中华儿女的千年期盼。近年来，我走遍了黄河上中下游9省区。无论是黄河长江"母亲河"，还是碧波荡漾的青海湖、逶迤磅礴的雅鲁藏布江；无论是南水北调的世纪工程，还是塞罕坝林场的"绿色地图"；无论是云南大象北上南归，还是藏羚羊繁衍迁徙……这些都昭示着，人不负青山，青山定不负人。

这一年，还有很多难忘的中国声音、中国瞬间、中国故事。"请党放心、强国有我"的青春誓言，"清澈的爱、只为中国"的深情告白；"祝融"探火、"羲和"逐日、"天和"遨游星辰；运动健儿激情飞扬、奋勇争先；全国上下防控疫情坚决有力；受灾群众守望相助重建家园；人民解放军指战员、武警部队官兵矢志强军、保家卫国……无数平凡英雄拼搏奋斗，汇聚成新时代中国昂扬奋进的洪流。

祖国一直牵挂着香港、澳门的繁荣稳定。只有和衷共济、共同努力，"一国两制"才能行稳致远。实现祖国完全统一是两岸同胞的共同心愿。真诚期盼全体中华儿女携手向前，共创中华民族美好未来。

我同外国领导人及国际组织负责人电话沟通、视频连线时，他们多次赞扬中国抗疫和为全球疫情防控所作的贡献。截至目前，中国累计向120多个国家和国际组织提供20亿剂新冠疫苗。世界各国风雨同舟、团结合作，才能书写构建人类命运共同体的新篇章。

再过一个多月，北京冬奥会、冬残奥会就要开幕了。让更多人参与到冰雪运动中来，这也是奥林匹克运动的题中之义。我们将竭诚为世界奉献一届奥运盛会。世界期待中国，中国做好了准备。

新年的钟声即将敲响。我们的三位航天员正在浩瀚太空"出差"，海外同胞仍在辛勤耕耘，使领馆、中资企业等海外派驻人员和广大留学生仍在勇毅坚守，无数追梦人还在奋斗奉献。大家辛苦了，我向大家致以诚挚的新年问候！

让我们一起向未来！祝福国泰民安！

（资料来源：央广网，2021-12-31）

2. 党政机关公文格式

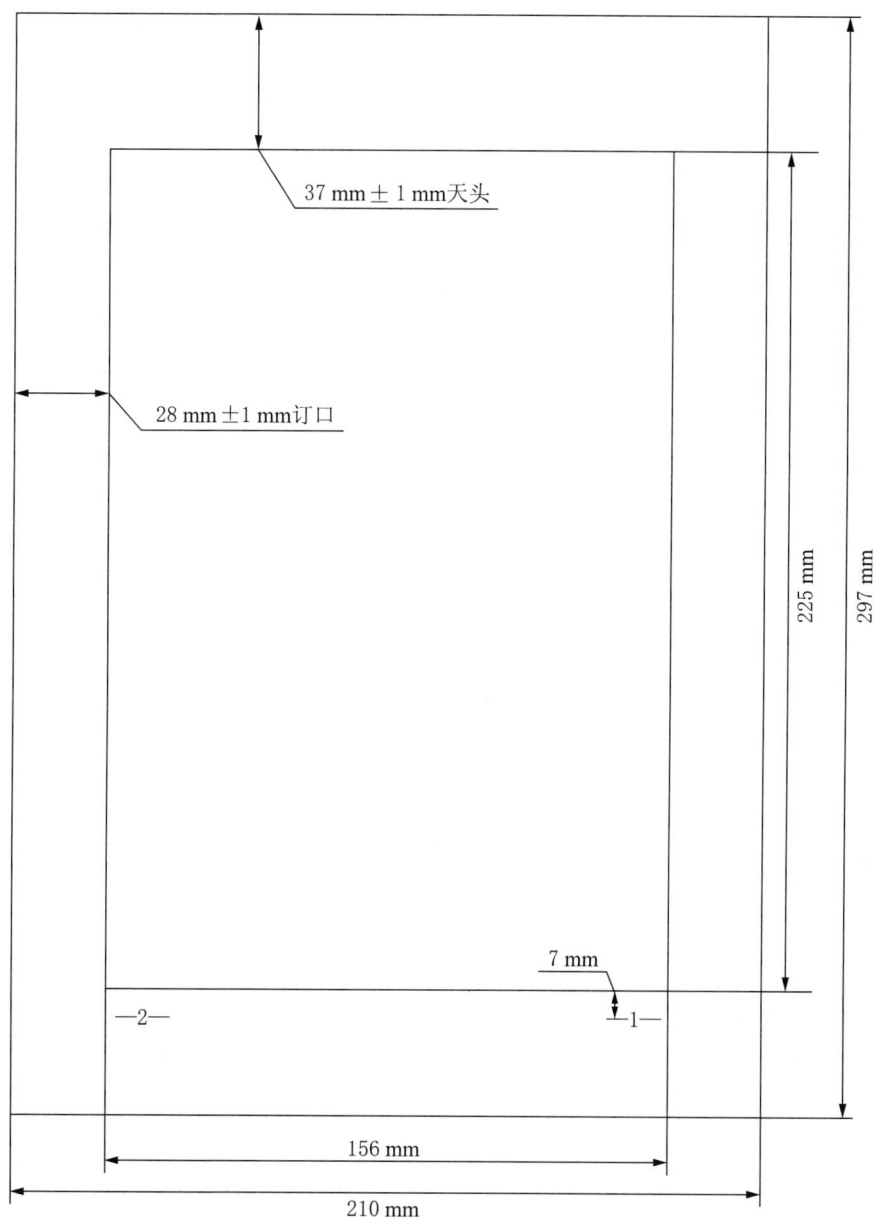

37 mm±1 mm天头

28 mm±1 mm订口

225 mm

297 mm

7 mm

—2—

—1—

156 mm

210 mm

图1 A4型公文用纸页边及版心尺寸

000001

机密★1年

特急

×××××文件

×××〔2012〕10 号

×××××关于××××××的通知

×××××××：

　　×××××××××××××××××××××××××××
×××××××××××××××××××××××××××××
×××××××××××××××××××××××××××××
×××××××××××××××。
×××××××××××××××××××××××××××××
××××××××××××××。
×××××××××××××××。×××××××××××××
×××××××××××××××××××××××××××××
×××××××××××××××××××××××××××××

— 1 —

图 2　公文首页版式

（注：版心实线框仅为示意，在印制公文时并不印出。）

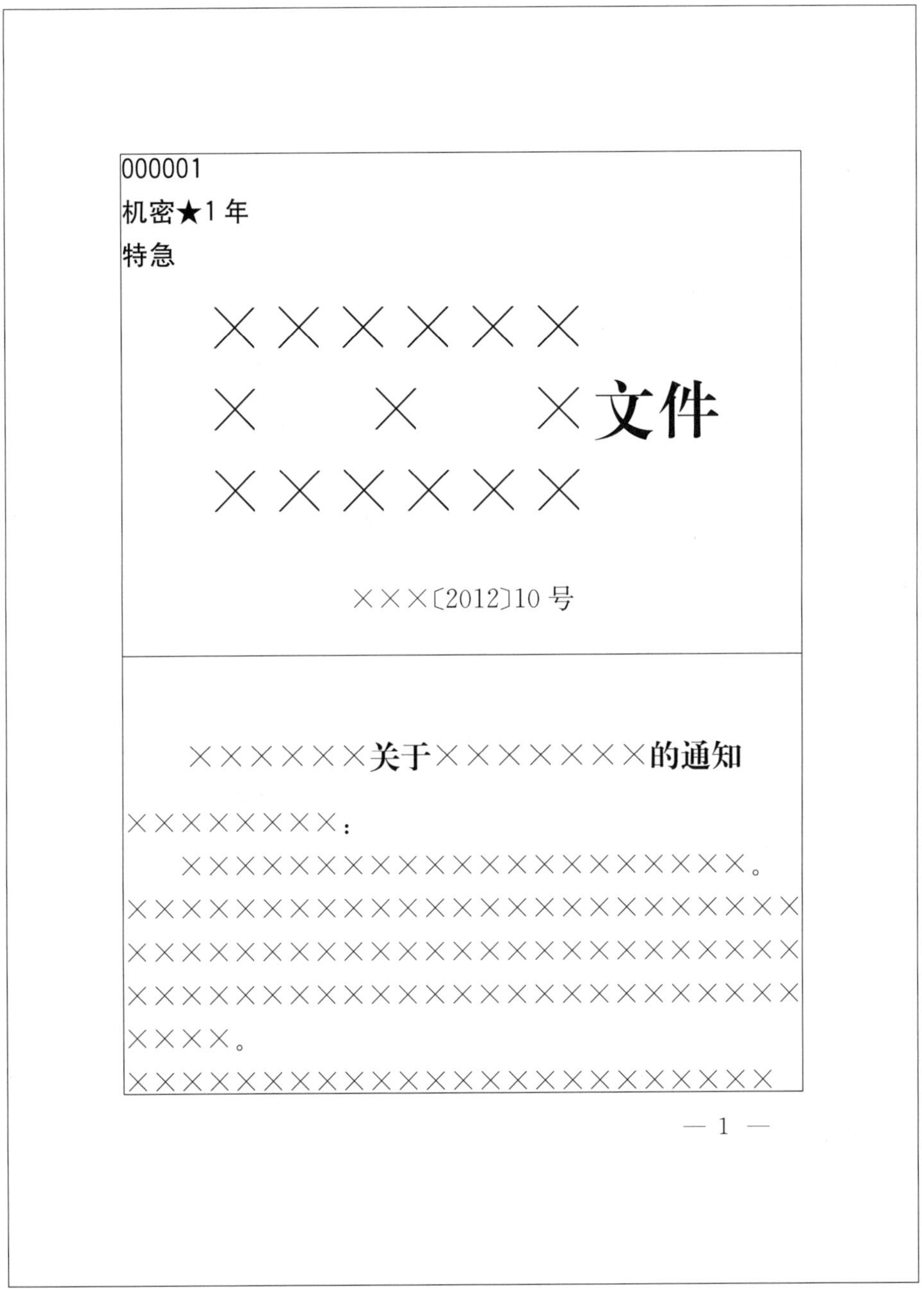

000001
机密★1年
特急

×　×　×　×　×　×

×　　　×　　　×文件

×　×　×　×　×　×

×××〔2012〕10 号

××××××关于×××××××的通知

×××××××××:

　　×××××××××××××××××××××。
×××××××××××××××××××××××××
×××××××××××××××××××××××××
××××。
×××××××××××××××××××××××××

图 3　联合行文公文首页版式 1

（注:版心实线框仅为示意,在印制公文时并不印出。）

000001
机　密
特　急

××××××

×　　×　　×

×××××

签发人：×××　　×××

×××〔2012〕10 号　　　　　×××

×××××**关于**×××××××**的请示**

×××××××××：

××××××××××××××××××××××××××。

××××××××××××××××××××××××××

××××××××××××××××××××××××××

××××××××。

×××××××××××××××××××××××××××

— 1 —

图 4　联合行文公文首页版式 2

（注：版心实线框仅为示意，在印制公文时并不印出。）

××××××××××××××××××。

　　×××××××××××××××××××××××
×××××××××××××××××××××××××
×××××××。

中华人民共和国××××部

××部

2012年7月1日

　（×××××）

抄送：×××××××××，××××××，×××××，×
　　　××××，×××××。

×××××××××　　　　　　2012年7月1日印发

— 2 —

图5　公文末页版式1

（注：版心实线框仅为示意，在印制公文时并不印出。）

××××××××××××××××××××。
　××××××××××××××××××××
××××××××××××××××××××××
××××××。

　　　　　　　　××××××××××
　　　　　　　　2012 年 7 月 1 日

（×××××）

抄送：×××××××，××××××，××××××，×
　　××××，×××××。

×××××××××　　　　　2012 年 7 月 1 日印发

— 2 —

图 6　公文末页版式 2

（注：版心实线框仅为示意，在印制公文时并不印出。）

××××××××××××××××××。
　××××××××××××××××××
××××××××××××××××××
××××××××。

中共中央×××
××部
中华人民共和国×××
××部

2012 年 7 月 1 日

（×××××）

抄送：××××××××，××××××××，××××××××，×
××××，×××××。

××××××××× 2012 年 7 月 1 日印发

— 2 —

图 7　联合行文公文末页版式 1

（注：版心实线框仅为示意，在印制公文时并不印出。）

×××××××××××××××××××××。
　　×××××××××××××××××××
×××××××××××××××××××××××
×××××××。

（×××××）

2012 年 7 月 1 日

抄送：××××××××，××××××，××××××，×
××××，××××××。

××××××××× 　　　　　　2012 年 7 月 1 日印发

— 2 —

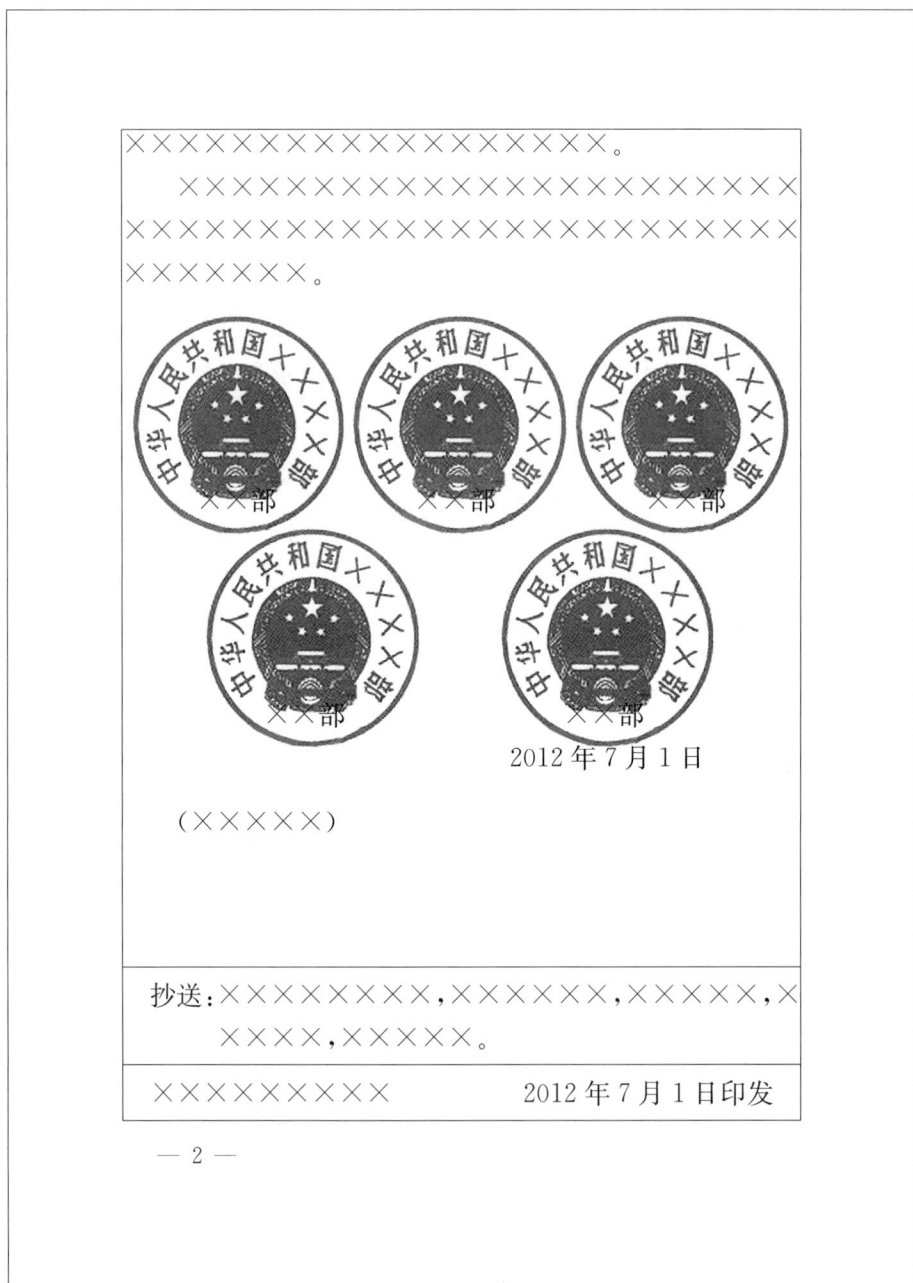

图 8　联合行文公文末页版式 2

（注：版心实线框仅为示意，在印制公文时并不印出。）

××××××××××××××××××。
　　××××××××××××××××
××××××××××××××××××
×××××××。

　　附件:1.×××××××××××××××
　　　　××××××××
　　　2.××××××××××
　　　　　　××××××××
　　　　　　×　×　×　×
　　　　　　　2012 年 7 月 1 日
（×××××）

— 2 —

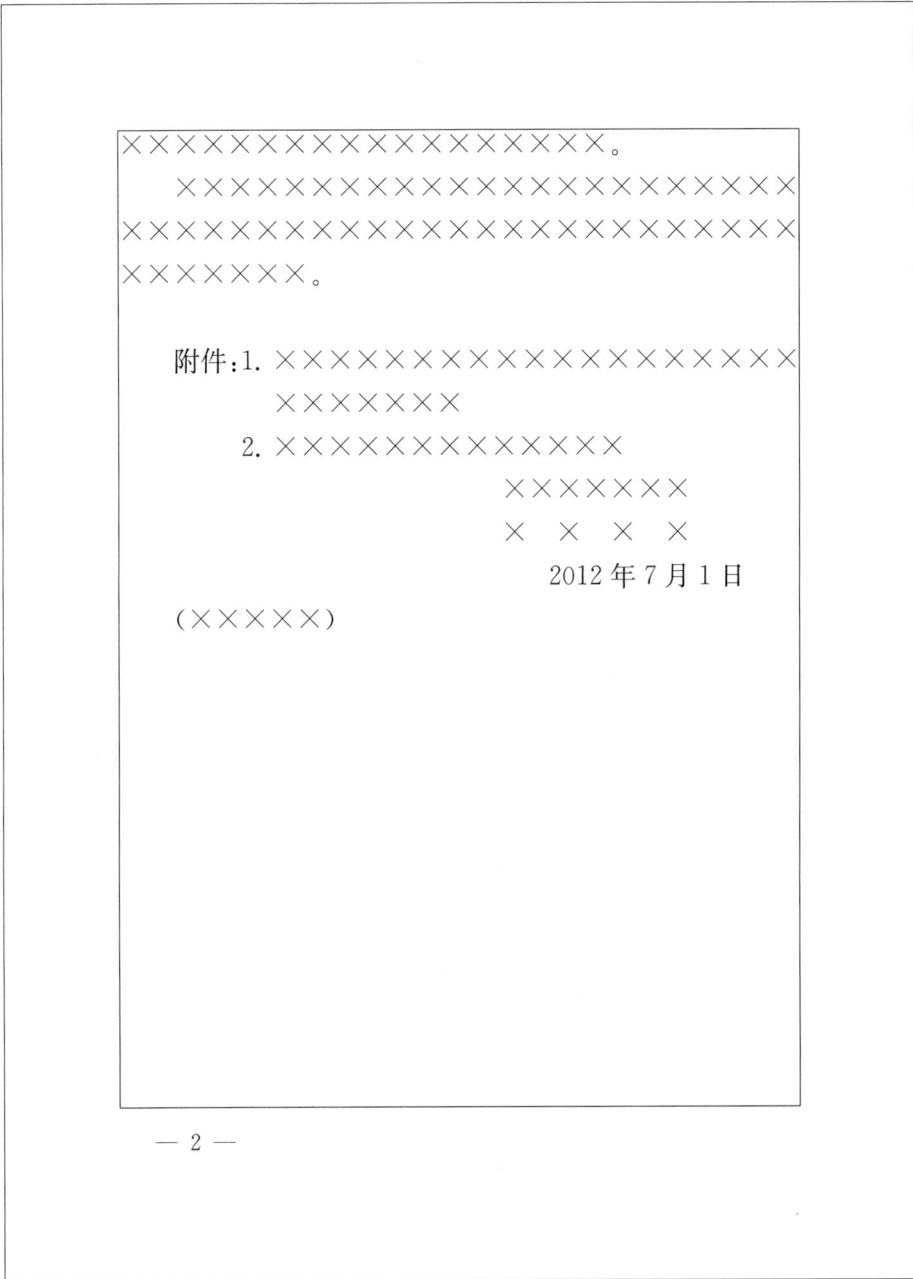

图 9　附件说明页版式

（注:版心实线框仅为示意,在印制公文时并不印出。）

附件2

　　×××××××××××××

　　××。

　　××。

抄送:×××××××××,××××××,××××××,××××,×××××。

×××××××××　　　　　　2012年7月1日印发

— 4 —

图10　带附件公文末页版式

（注:版心实线框仅为示意,在印制公文时并不印出。）

主要参考文献

［1］帅梅花.应用文写作［M］.保定：河北大学出版社，2009.

［2］金燕，刘国庆.应用文写作项目实训教程［M］.北京：高等教育出版社，2015.

［3］金绍兵.水利应用文写作教程［M］.武汉：华中科技大学出版社，2014.

［4］石红星.应用文写作［M］.上海：上海交通大学出版社，2013.

［5］俞娟娟.应用文写作［M］.北京：人民邮电出版社，2013.

［6］傅春丹.样板式常用应用文写作［M］.北京：中国水利水电出版社，2014.

［7］于昕蕙.新编应用文写作［M］.北京：北京师范大学出版社，2011.

［8］杨金忠，郭上玲.应用文写作［M］.4版.北京：中国轻工业出版社，2013.

［9］孙秀秋.应用写作［M］.5版.北京：中国人民大学出版社，2018.

［10］黄高才.应用写作［M］.2版.北京：北京大学出版社，2017.

［11］宋亦佳.高职高专应用写作［M］.2版.北京：中国财经经济出版社，2021.

［12］袁智忠.应用写作［M］.重庆：西南师范大学出版社，2020.

高等教育出版社

教学资源索取单

尊敬的老师：

您好！

感谢您使用刘红星等编写的《应用写作》第二版。为便于教学，本书另配有课程相关教学资源，如贵校已选用了本书，您只要加入高教社高职人文素质教师论坛 QQ 群，或者添加服务 QQ 号 800078148，或者把下表中的相关信息以电子邮件方式发至我社即可免费获得。

另外，我们研发有应用写作课程试题库。题库共 1 400 多道试题，知识点全覆盖，题型丰富，可自动组卷与批改。如贵校选用了高教社沪版相关课程教材，我们将免费提供给老师相应课程题库生成的 6 套试卷及答案（Word 格式难中易三档），老师也可与我们联系获取更多免费题库资源。

我们的联系方式：

联系电话：（021）56718921/56718739　　高教社高职人文素质教育教师交流群：167361230

服务 QQ：800078148（教学资源）　　电子邮箱：800078148@b.qq.com

地址：上海市虹口区宝山路 848 号　　邮编：200081

姓　　名		性　别		出生年月		专　业	
学　　校				学院、系		教研室	
学校地址						邮　编	
职　　务			职　称			办公电话	
E-mail						手　机	
通信地址						邮　编	
本书使用情况	用于 _____ 学时教学，每学年使用 _____ 册。						

您还希望从我社获得哪些服务？

☐　教师培训　　　　☐　教学研讨活动

☐　寄送样书　　　　☐　相关图书出版信息

☐　其他_____